KB248707

개척 교회, 미자립 교회에서 자립 교회로

개척 교회,
미자립 교회에서 자립 교회로

박용배 지음

매일경제신문사

물고기

물이 맑으면 고기가 많아지고
물이 오염되면 고기는 죽거나 떠나게 됩니다
물이 맑아도 얕은 물에는 작은 물고기만 놀게 되고
물이 맑고 깊으면 큰 고기가 몰려옵니다

굼벵이냐? 나비냐?

굼벵이는 몸으로 기어 다닙니다
토끼가 밟아도 죽을 지경이 됩니다
작은 돌 하나도 큰 산이 됩니다
실개천물도 큰 홍수가 됩니다
기어 다니는 삶이 무척 어렵고 힘이 듭니다

그러나 고통스럽지만 집을 짓고 갱신하여
나비로 거듭나면 별천지가 열리게 됩니다

나비는 호랑이가 따라와도 괜찮습니다
공중을 훨훨 날아다니기 때문입니다
큰 강물을 만나도 괜찮습니다
날아 가버리면 됩니다
절벽을 만나도 괜찮습니다
훨훨 날아가 버리면 되기 때문입니다

굼벵이처럼 살아갈 것이냐?
갱신하여 나비로 살아갈 것이냐?
선택은 바로
나 자신에게 달려있습니다

사도행전적 다큐멘터리

박용배 목사님의 이번 저서도 하나님 사랑과 영혼구원에 대한 열정으로 가득 차있다. 저자에게 그것은 교리적이며, 관념적이며, 설교적인 것이 아니라 오직 현장에서 하나님께서 일하신 생생한 경험으로만 기록되어 있다. 그래서 이 책은 하나의 다큐멘터리다.

산동네의 무허가 판잣집에서 처음 시작한 개척 교회를 통해 구제보다 중요한 복음전파의 사명을 발견하면서부터 목사님의 사역은 하나님의 주권과 성령의 인도로 전 영역에서 확장되어간다. 그것은 마치 사도행전의 현장을 보는 듯하다.

공직자 선교에서 언론인 전도와 양육으로, 그리고 마침내 가장 소외되고 핍박 받는 탈북자들에게 위험을 무릅쓰고 복음을 외친 저자의 전도에 대한 열정 앞에 존경심과 함께 부끄러움을 느끼지 않을 수 없다. 그러나 이 책이 더욱 큰 의미를

갖는 것은 책속에 틈틈이 밝힌 대로 이 땅의 미자립 개척 교회를 향한 뜨거운 긍휼과 목회자들에 대한 사랑으로 가득 차있기 때문이다.

그의 전도 노하우를 이 책에서 다 밝히지 않은 것도 복음이 필요한 사람들에게는 언제든지 직접 현장으로 달려가듯이 미자립 개척 교회 목회자를 직접 찾아 아낌없이 그들의 상담자가 되고 안내자가 되고 위로자가 되고 싶은 열정 때문이리라.

부디 이 책을 만나는 모든 개척 교회 목회자들이 그의 알곡 같은 노하우를 배우고 전달받아, 자립 교회로 성장할 뿐만 아니라 이 땅의 새로운 교회의 회복과 부흥의 주춧돌이 되길 기대한다.

권혁만 장로
KBS PD, 손양원 목사님 일대기와 주기철 목사님 영화 제작 감독

복음의 동역자들에게 내민 따스한 손길

맑고 깊은 물을 만날 줄 아는 목사님.

굼벵이로 살다가 나비가 되어 훨훨 날아다니는 목사님.

박용배 목사님은 처음에는 얕은 흙탕물에서 허우적대며 죽을 고생을 했습니다.

성도들이 물고기처럼 잠깐 모여 들었다가는 뒤도 돌아보지 않고 야속하게 떠나는 것을 지켜보면서 눈물도 여러 번 삼켰습니다.

박용배 목사님은 굼벵이처럼 먼지구덩이 속에서 뒹굴다가 상처를 많이 받았습니다. 배고파 영양실조가 되어 뒹굴 힘도 없었습니다. 그냥 엎어져 예배당 마룻바닥에 쓰러졌습니다.

하나님의 은혜의 손길들이 있어 굼벵이가 나비로 탈바꿈했습니다.

그리고 여기저기로 하나님의 바람 따라 날아올랐습니다.

바람이 불어올 때면 더욱 힘껏 날아 다녔습니다.

이제는 마룻바닥에 쓰러져 있거나 흙탕물 속에서 허우적대거나 먼지 구덩이에서 뒹굴다가 혹이나 지쳐 계실 복음의 동역자들에게 손을 내밀고 싶어 합니다.

박용배 목사님께서 내미는 손을 잡아보십시오.

성령님의 도우심이 있을 것입니다.

분명히 목회가 잘 될 것입니다.

나용화 목사
개신대학원대학 전 총장, 신학박사

역경과 고난을 딛고 강철같이 단련된 사명자

책을 읽다 많이 울었다. 어린 시절을 어느 누가 이렇게 고통스럽게 지냈을까? 하나님은 '용배'라는 어린이, '용배'라는 청소년, '용배'라는 청년을 거칠게 다루었다. 고통스런 삶의 구렁텅이 속으로 몰아넣었다. 그리고 호되게 훈련시켰다. 난 그 이유를 금방 알았다. 아, 그래서 우리나라뿐 아니라 세계를 누비면서 복음운동을 해 나가시는 오늘의 '박용배 목사님'이 존재하는구나. 그래서 어려운 사람들의 처지를 누구보다 잘 이해하시는구나. 그러한 과거가 있었기에 만주 벌판으로 목숨을 걸고 숨어든 탈북자들을 온 몸으로 끌어안으시는구나!

박용배 목사님은 길고 어두운 삶의 고통을 통과하고 나서 복음이라는 빛을 만났다. 신학교 다니면서도 발견하지 못했던 하나님이 원하시는 인생의 방향을 정확하게 잡은 것이다. 지금은 복음이라는 이유로 우리나라뿐 아니라 세계를 누비고 계

신다. 이 시대, 어느 장소에서, 누구를 만나도 자연스럽게 말씀
이 쏟아져 나온다. 물론 그 말씀은 그리스도라는 어마어마한
복음의 비밀로 귀결된다. 성서 전체가 그리스도라는 단어를
중심으로 명쾌히 해부된다. 목사님은 겸손하고 순수하며 깨끗
하다. 동기가 없다. 그래서 그런지 정부관료, 언론인, 연예인, 나
아가 스님과 무속인에 이르기까지 이 시대 수많은 전문인들이
목사님을 통해 하나님을 만났다. 사업에 실패했다든지, 이혼위
기의 남녀, 남모르는 가정사로 고통을 겪고 있는 수많은 영혼
들이 살아났다. 그들은 말씀공부를 하면서 복음의 비밀, 기도
의 비밀을 깨닫고 치유를 받았다.

나아가 세상 살리는 전도의 비밀을 발견하고 현장에서 복음
운동까지 펼치는 제자로 거듭났다. 그래서 당신이 섬기는 교회
로 인도하지 않고 가까운 교회로 인도한다. 그래서 그들이 이
땅을 사는 이유 즉, 하나님의 천명을 깨닫게 해 새로운 인생을
사는 모멘텀을 만들어준다.

20여 년 전, 필자도 방송국에서 말씀 운동을 하시는 목사님
을 만나면서 새로운 인생길로 접어들었다. 모태신앙이면서도
열심히 종교생활하면서 항상 갈급해 하던 내가 박용배 목사님

이 제시한 명쾌한 복음으로 영이 살아났다. 나는 대학시절에 N 선교단체에서 훈련을 받고 구원의 확신도 있었고 남들에게 복음을 전해 예수님을 구세주로 영접시킬 수 있을 정도로 수십 개의 성경구절도 달달 외고 있었다. 그러던 내가 정작 예수가 그리스도란 사실을 박용배 목사님을 만나면서 알게 되었다.

사실, 훗날 깨달은 거지만 그 전의 신앙생활은 복음을 깨달았다고는 하나 복음 없는 종교생활이었다. 그리스도라는 어마어마한 단어의 영적인 의미도 모르고 힘든 신앙생활을 해 왔다. 결국 박용배 목사님을 만나면서 나의 진정한 복음과 언약의 여정이 시작되었다 해도 과언이 아니다. 말하자면 성서 전체의 줄거리와 의미가 제대로 이해되기 시작한 것이다.

종교개혁 500년이 지났다. 이 시대는 영적인 혼란이 극에 달한 시대이다. 갈급해 하는 사람들에게 영적으로 명쾌한 답을 주어야 하는 곳이 교회다. 그런데 정작 교회는 사회 비판의 대상이 될지언정 시대적인 문제에 답을 제시하지 못하고 있다.

교회에 인본주의적 종교성은 강해지고 있지만 하나님이 역사하시는 진정한 복음이 약해지고 있지는 않은가? 안타까운 이 시대에 박용배 목사님은 책을 통해 인간의 실존과 정체성을 정확하게 파헤친다. 인간이란 무엇인가, 인간이 살아가는 이유가 무엇인가에 대해 당신의 과거 삶을 통해 구체적으로 증명해 나간다. 고통스럽고 긴 삶의 어두운 터널을 벗어나서 이제는 우뚝 선 복음의 영적 거장이 되었다. 결국 당신이 한평생 깨달은 복음의 빛을 우리나라를 비롯해 세계를 누비시며 전파하고 있는 것이다.

아무튼, 박용배 목사님의 인생역정을 통해 이 책을 읽는 많은 사람들이 인생의 답을 발견하길 바란다. 특히 목회를 하시는 분들, 교회개척을 하시는 분들은 일독을 꼭 권한다. 그리고 반드시 만나보실 것을 권유한다. 박용배 목사님, 그 어려운 인생과 삶의 이야기를 과감히 공개해주셔서 감사합니다. 목사님의 인생전체를 향한 하나님의 절대목표가 꼭 성취되시길 기도합니다. 사모님과 함께 늘 강건하십시오.

김덕기 장로
kbsN 감사 PD국장

사도 바울처럼 온 세계로 사역 펼치는 하나님의 종

박용배 목사님의 결정은 간단명료하고 빠릅니다.

오랫동안 생각에 사로잡히지도 않고 머뭇거림도 없습니다. 복음 전파와 전도 사역에서는 늘 그렇습니다. 그래서 생명을 위협하는 다급한 상황에 맞닥뜨린 적도 여러 번 있었습니다. 그러나 목사님은 두려움을 모릅니다. 하나님께서 주신 사명이라 그분이 함께 하신다는 확신 때문이라고 말하는 데 주저하지 않습니다. 생명 살리라고 호흡을 주시고 가정과 교회도 허락하시고 지금까지 보호해주신 것이라고 담대하게 고백합니다.

실로 고단했던 성장기를 억척스럽게 이겨내고 수많은 사람들에게 복음을 전파한 박 목사님을 저는 '대단한 사명자'라고 감히 단언합니다.

제가 목사님을 처음 만난 것은 20년 전입니다. 당시 저는 견

디기 힘든 가정사로 인해 사망의 음침한 골짜기를 지나고 있었습니다. 아무도 만나고 싶지 않았고 내 가정의 일을 상대방이 아는 것은 더 자존심이 상했습니다. 그런 가운데 박 목사님은 사람의 언어가 아닌 하나님의 말씀을 들고 저에게 다가왔습니다. 제가 하나님을 만날 수 있도록 디딤돌을 놓으신 분이 바로 박 목사님입니다.

박 목사님은 복음과 전도에 생명을 건 십자가 군병입니다. 힘만 들고 열매는 없던 시간들을 끝내고 전도에 눈을 뜨자 박 목사님의 인생이 180도로 달라지기 시작했습니다. 엘리트들로 꽉 찬 정부 청사의 문도, 정보의 최첨단을 달리는 신문사와 방송사의 문도 그의 앞에 활짝 열렸습니다. 거침없는 전도 사역은 귀한 생명의 결실로 돌아왔습니다. 하나님께서는 그의 길을 더욱 넓혀 중국 대륙으로 인도하셨습니다. 목숨을 걸고 북한을 빠져 나온 탈북자들을 만나 말씀을 전했고 그들 중 일부는 사명자로 다시 북한에 들어가 꽁꽁 얼어붙은 압제의 땅에 생명의 볕을 비추었습니다.

미래에 대한 꿈도, 희망도 없어 보였던 한 가난한 산골 아이를 외면하지 않으시고 온갖 시련과 역경을 통해서 강철 같은 성령의 사람으로 키워 내신 이유가 바로 여기에 있었던 것입니다. 사람은 생명의 양식을 먹어야 진짜 사람이 되는 그런 존재입니다. 먹고 일하고 생각하고 말을 하는 건 그냥 사람의 모습입니다. 여기에 하나님께서 주시는 새 생명이 침투해야 참 사람이 됩니다. 그게 바로 복음이고 구원입니다. 박 목사님은 이를 제대로 깨닫고 그 사명을 위해 오늘도 걸음을 재촉합니다. 그의 전화번호 끝자리도 8291(빨리구원)입니다.

전도가 안 된다는 세상에 살고 있습니다. 개척 교회들이 자꾸 무너지는 시대입니다. 박 목사님이 이런 말씀을 한 적이 있습니다. "하나님께서는 사람의 입에서 나오는 말을 너무 잘 알아들으시고 그대로 응답하는 분이십니다." 상황을 바라보면 그 상황에 묶입니다. 박 목사님은 이 책에서 '학교, 공단, 공무원, 무속인 현장 등 복음 들고 달려갈 곳이 지금도 너무 많다'고 고백합니다. 그리고 자신의 체험을 미자립 교회를 꾸리는 목회자들과 기꺼이 나누겠다고 합니다.

하나님의 영광을 위해 사도 바울처럼 오늘도 길을 나서는 박 목사님 앞에 더욱 귀한 사역의 열매가 맺히기를 간절히 기도합니다. 아울러 미자립 교회 사역을 감당하시는 분들에게도

박 목사님과 같은 놀라운 성령님의 역사가 함께 하기를 간구
합니다.

한재호 기자
KBS 홍보부장

자신을 비우고 낮춘 목회자의 겸손한 간증

박용배 목사님을 1997년에 처음 뵈었으니 목사님을 알게 된 지도 20여 년의 시간이 흘렀습니다. 그동안 KBS 소그룹 말씀 공부와 기자들 몇몇을 일대일 말씀으로 돕는 박 목사님을 지켜보면서 동기목적이 없는 참 순수하고 성실하고 순박하신 분임을 느꼈습니다.

지속적인 말씀공부를 통해 목사님의 체계적인 복음 메시지를 잘 정리해서 아직도 공석이나 말씀을 전하는 자리에서 늘 내 것처럼 쓰고 있는 모습을 보면 제게 신앙적 영향력을 많이 주신 분임을 깨닫게 됩니다.

그리스도 안에서 언론복음화를 위해 하나님께서 세우신 종이요 동역자인 박 목사님을 늘 존경하고 배우며, 사명을 다하는 날까지 늘 함께할 수 있기를 기도합니다. 복음을 위해 자신을 비우고 낮추는 목사님의 겸손한 간증을 담은 책 발간을 통

해 많은 영혼들이 그리스도께 돌아오는 역사가 있기를 간절히
기도드립니다.

손재경 교수
전 KBS PD 목포방송 총국장, 중부대 신방과

하나님의 놀라운 임재로 가득 찬 박용배 목사님의 삶

박용배 목사님의 책 『개척 교회, 미자립 교회에서 자립 교회로』는 이 땅에 오신 작은 예수님의 발자취를 생각나게 한다. 그의 글대로 보잘것없는 집안에서 태어나 그리 주목받지 못한 인생이었는데 그는 예수를 만나고 나서 달라진 인생을 살게 된다.

마치 아브라함과 야곱, 모세, 요셉이 인생의 굽이굽이마다 하나님의 인도함을 받아서 새로운 인생을 살았고, 마침내 승리하는 인생을 살았듯이 박용배 목사님의 인생은 하나님의 인도하심을 따라 산 인생 그 자체였다.

처갓집을 만난 것이나 신학교에 간 것이나 또 직장의 신우회를 찾아 나선 것이나 모두 하나님의 발자취를 느끼게 한다. 특히 북한 탈북자 사역 등은 보통사람으로서는 상상도 할 수 없는 일이다. 정말 대단하신 분이다.

15~16년 전에 KBS 기자 신우회를 찾아오셔서 말씀을 전하셨던 박용배 목사님을 생생히 기억한다. 모든 것이 바쁘고 세속적인 생활이었던 그 당시 박 목사님은 마치 사막의 샘물 같은 분이었다. 말씀과 기도, 성령으로 인도하셨던 그분 덕분에 아직도 신앙생활을 할 수 있었다는 것이 솔직한 고백이다.

박 목사님이 다시 개척 교회를 위해 일하신다고 하시니 그분의 사역은 언제 끝날까 싶다. 인생이 하나의 드라마요, 영화요, 또한 사역인 박 목사님의 사연을 여러분에게 추천한다.

이 시대의 작은 거인 박용배 목사님의 인생 이야기는, 쉴 새 없이 바쁜 모든 사람들에게 잠시 쉬어가면서 인생과 하나님을 더 깊게 묵상하게 하는 청량제가 될 것이다. 박용배 목사님의 사역과 인생은 마치 하나님의 놀라운 임재를 직접 보는 것 같다. 앞으로 남은 인생에도 하나님의 인도하심과 그 분의 증거가 가득 찰 것을 믿어 의심치 않으며 이 책을 모든 분들에게 강력하게 추천한다.

성창경 기자
KBS 전 울산방송국장, 현 KBS 공영노동조합 위원장

사랑하고 존경하는 개척 교회 목사님께 올립니다.

세상에는 편한 길이 많이 있습니다. 목사님은 하나님의 나라와 복음 전파를 위하여 신학교에서 힘겹게 공부하고 목회자의 길로 들어섰습니다. 개척 교회를 시작하시어 전도하면서 교회를 부흥시켜보려고 애쓰시는 목사님! 얼마나 수고가 많으십니까? 신학교에 다닐 때에는 졸업하고 목사 안수를 받은 후 개척 교회를 시작하면 몇 년 만에 큰 부흥이 있을 줄 기대하고 저처럼 개척 교회를 시작했겠지요? 그러나 개척하고 5년, 10년, 15년, 20년이 지나도록 부흥이 되지 않고 미자립 상태에서 어렵게 목회를 하고 계시지는 않는지요?

저는 1991년 2월에 총신대학원(사당동) 졸업과 함께 인천시 부평구 부개1동 산동네 빈민촌에서 개척 교회를 시작하였습니다. 빈민촌에서 20여 평 되는 무허가 가정집을 교회당으로 개조하여 개척을 시작한 지가 엊그제 같은데 벌써 세월이 많이 흘렀습니다. 1991년 5월 13일에 개척했으니까요.

산동네에서 6년간 예배를 드리면서 산동네 빈민촌이 아닌 일반 동네로 내려오기를 간절히 소망했습니다. 개척한 지 6년 만에 부흥이 되어 갈산동 상가건물 3층 70여 평으로 교회당을 옮기게 되었습니다. 상가교회에서 6년간 예배를 드리다가 바로 인근에 있는 공장을 매입하여 성전건축을 하였고, 거기서 10여 년을 예배드리다가 2013년 8월 지금의 청라지구로 교회당을 이전하였습니다. 그리고 송도국제도시에도 지교회당을 세우고 예배를 드리고 있습니다.

성도가 한 명도 없는 상태에서 저와 아내 그리고 두 자녀 이렇게 네 사람이 교회를 시작했습니다. 비가 오면 지붕에서 비가 새고 쥐가 드나드는 무허가 빈민촌에서의 개척 교회였습니다. 지금은 인천청라국제도시와 송도국제도시 두 곳에서 주일 예배를 드리고 있습니다. 또한 남동지교회, 영흥지교회, 서울강서지교회, 동두천지교회, 북경지교회, 연운항지교회와 중국의 압록강 지역과 두만강 지역에서 탈북자들이 모여서 인터넷으로 함께 예배드리는 탈북자 지교회를 이끌고 있습니다.

사랑하고 존경하는 선배, 동료, 후배 목사님들!

미자립 교회를 이끌어 자립 교회로 나아가기 위하여 몸부림치시고, 교회 부흥을 위하여 또 전도를 위하여 애쓰시는 목사님들의 노고에 깊이 감사를 드립니다.

기도하는 중에 미자립 교회 목사님들을 도와 자립 교회로 발전해 가도록 섬기라는 하나님의 말씀을 받았습니다. 그리하여 일단 책으로 먼저 인사를 드리고 기회가 될 때 만나 뵙고 저의 경험을 토대로 목사님들을 돕고자 합니다. 목사님들의 교회마다 전도가 되고 부흥이 되어서 하루 속히 자립 교회로 발전해 나가기를 소망합니다.

우리가 가서 복음을 전해야 할 곳은 너무도 무궁무진합니다. 예수님께서도 마태복음 28장 16~20절에 너희는 가서 모든 민족을 제자로 삼으라고 말씀하셨고, 마가복음 16장 15절에도 만민에게 복음을 전파하라고 하셨습니다.

사랑하는 목사님, 사모님, 선후배 동역자 목사님들을 섬겨서 같이 영혼을 살리고 싶습니다. 전도가 되어서 교회 부흥은 물론이고 미자립에서 자립 교회로, 그리고 전도와 선교하는 교회로 발전해 가기를 소망합니다.

이 책을 읽어보시고 전도에 도움 받기를 원하시는 분들은 우리 교회로 연락주시면 친절하게 안내해 드리고 겸손한 자세로 섬기도록 하겠습니다. 사랑하는 목사님과 사모님들, 주님께서 살아계시고 우리와 함께하십니다. 힘내십시오!

제가 개척 교회를 시작하여 어떻게 미자립 교회를 벗어났는지 저의 간증을 좀 하고자 합니다. 이것은 저의 자랑이 아니며 개척 교회 목사님들에게 용기를 드리고자 함입니다. 저같이 부족한 종도 되어졌으므로 목사님들이 읽으시고 힘을 내시라고 드리는 저의 간증입니다.

박용배
청라 사랑의교회 담임목사

목차

1장
나의 인생과 소명

나의 어린 시절

나는 경북 의성군 춘산면 효선2리 산골 동네에서 태어났다. 100여 호의 가구가 있는 산간벽지에 김씨 가문과 박씨 가문이 모여 사는 전형적인 농촌 마을이었다. 나는 1958년 개띠로 태어났으니까 베이비부머 세대의 사람이다. 한국전쟁 이후에 태어나서 해마다 보릿고개의 춘궁기를 겪으며 자랐다.

나의 아버지의 형제분들이 6형제 7남매였는데 아버지는 그 중에 셋째였다. 나의 형제가 6형제와 누나 한 분으로 7남매였는데 그 중에 나는 막내로 태어났다. 나의 집 바로 옆에 교회당이 있었는데 통합측과 합동측으로 갈라져서 시골 농촌의 한 마을에 교회당이 두 개가 있었다. 나는 어린 시절 통합측 교회당에서 자랐다.

아버지는 술을 많이 드셨고 어머니는 억척스럽게 열심히 사는 분이셨다. 밭을 논으로 개간하셨는데, 괭이와 삽으로 땅을 일구고 돌을 리어카에 싣고 밖으로 가져다 버리면서 논으로 만들기도 하셨다. 내 나이 다섯 살이 되던 해에 (만 나이로는 네 살이 되기 전이었다) 어머니가 갑자기 돌아가셨다. 동네 아주머니들과 함께 산에 두릅나물을 뜯으러 가셨다가 낭떠러지로 떨어지면서 머리를 심하게 다쳐서 병원으로 옮기던 중에 소천하게 되셨다. 어머니가 안 계시니 어린 나는 날마다 엄마를 찾았고 아버지는 엄마가 까까 사러 갔다고 말씀하셨다.

아버지는 밭에 일하러 가실 때에 나를 지게에 태워 가시곤 하셨다. 아버지가 술에 취한 채로 시냇물을 건너다기 미끄러져 넘어지는 바람에 지게에 타고 있던 어린 내가 물에 빠져 몇 차례나 죽을 고비를 넘겨야만 했다. 아버지가 산간 밭에 콩을 심고 고추를 심으며 밭에 김을 매고 계시면, 나는 밭고랑을 따라 걸어 다니다가 땡볕에 쓰러져 잠이 들었다. 아버지는 그런 나를 산수유나무 아래에 눕혀놓고 무척 우셨다고 한다.

형님들 중에서 큰 형님만 고등학교를 나와 잠시 면서기로 일하다가 경찰관이 되셨고, 나머지 형들은 초등학교를 졸업한 후 모두 객지로 나가 살면서 명절이 되어도 고향에는 거의 찾아오지 않았다. 아버지가 알코올 중독자가 되어서 늘 소주병을 들고 다니고 자주 길바닥에 누워 계시니 그런 모습을 안 보는 것이 차라리 마음이 편하니까 명절이 되어도 고향에 오지 않는 것이었다.

     개척 교회, 미자립 교회에서 자립 교회로

아무도 찾아오지 않는 집에서 병든 아버지께 밥을 해드리고 모시는 분은 나보다 4살 위의 누나였다. 누나는 초등학교 졸업 이후에 친구들처럼 객지로 돈벌이하러 나가지도 못하고 병든 아버지와 어린 나를 보살피며 시골집을 지키고 있었다.

어머니가 살아 계실 때에는 마을에서 제일 좋은 기와집을 짓고 살았는데, 어머니가 돌아가신 후 아버지가 술과 도박으로 가산을 탕진하니, 어느 날 그 좋은 기와집이 팔리고 허름한 초가집으로 이사를 가게 되었다. 마을 사람들이 와서 농기구와 가마솥 등 돈이 되는 모든 연장들을 아버지에게 돈을 주고 샀다면서 다 가져가 버렸다.

아버지는 술값이 떨어지면 부잣집에서 돈을 빌려서라도 매일 술을 마셨고, 아버지의 술값과 빚진 돈을 갚기 위하여 누나와 나는 남의 논과 밭으로 일을 해주러 다녀야 했다. 내가 살던 고향 마을은 당시 호롱불을 밝히며 사는 시골이라, 버스를 타려면 10리 길을 걸어 나와야 했고 하루에 몇 번 다니는 버스를 겨우 탈 수 있었다. 나는 10리 밖에 있는 초등학교에 다녀와서는 이웃 집사님 댁의 소를 몰고 산에 가서 꼴을 먹이고 와서 저녁 한 끼를 얻어먹을 수 있었다.

어린 시절 누나와 함께

 개척 교회, 미자립 교회에서 자립 교회로

나는 교회의 주일학교를 열심히 다녔다. 교회에 가서 성경 말씀을 들을 때 소망이 생기고 믿음이 자랐다. 누나는 어린 나이임에도 새벽 기도에 열심히 나갔고, 나도 누나를 따라 새벽 기도에 다니곤 하였다.

큰 형님은 면사무소에 다니다가 그만두었는데 아버지처럼 늘 술로 세월을 보냈다. 아버지는 술을 드시고 오면 그냥 주무셨는데, 큰 형님은 술에 취해서 오면 아버지와 싸우고 물건을 닥치는 대로 집어던지고 형수님을 때리고 어린 나도 때리고 해서 너무나 무섭고 겁이 났다. 그러던 형님이 어느 날 경찰시험에 합격하면서, 이웃 군 군위군의 어느 지서에서 순경으로 근무하게 되었고, 형님이 집에 안 계시니 너무 안심이 되었다.

객지 생활

나는 초등학교를 졸업하고 고향을 떠나 대구로 갔다. 대구 북구 태평동에 둘째 형님이 조그마한 양복점을 하고 있었는데 거기서 심부름을 하면서 6개월 정도 일을 하였다. 그러던 중 나보다 두 살 위의 형이 대구 시내의 어느 중국집에서 배달원으로 일하고 있었는데, 나를 대구 남구 봉덕동의 미8군 후문 앞의 중국집에 취직시켜 주었다. 거기서 몇 달간 짜장면 배달을 하다가 다시 만두집에 취직하여 만두 만드는 기술을 배우게 되었다.

이후 형의 소개로 레스토랑에서, 또 커피숍에서 일하기도 하였다. 그렇게 객지에서 일을 하면서 살다가 18세가 되어 자동차운전면허증을 땄다. 경주 코오롱호텔이 오픈하면서 취직하여 1년쯤 근무하던 도중에 입영통지서가 나와 방위병으로 소집되어 군복무를 하게 되었다.

대구 성서에 있는 50사단에서 3주간 기초 군사 교육을 받고, 50사단 안에 있는 31경비대대 전투방위병으로 약 2개월간 근무를 하는데 너무 힘들고 고달팠다. 고향으로 전출하여 경북 의성군 춘산면에 있는 예비군 중대에서 16개월간 방위병으로 근무하게 되었다. 방위병으로 근무할 당시 객지생활 하면서 조금 모아두었던 돈을 다 잃어버리고 아무것도 없는 상태에서 출퇴근을 해야 하는 방위병 근무를 하는데 생활이 너무 어려웠다.

방위 복무 시절

중대장님과 연대장님의 배려로 낮에는 지서에서 급사 일을 해서 생활비를 벌고, 밤에는 무기고를 경비하며 방위병 시절을 보냈다. 힘들고 어려운 시기였다. 나는 밤마다 무기고 경비를 설 때면 밤하늘을 쳐다보았고 보름달이 뜰 때면 '저 보름달이 16번 지나가면 제대를 할 텐데' 하면서 빨리 방위병 생활을 마치고 제대하기를 기도하곤 하였다.

군 입대 전 객지 생활을 할 때 잠시 맥주홀에서 일한 적이 있었는데, 그곳의 단골손님이던 군 사령부의 인사 담당 대령님과 소령님이 나를 무척 아껴주었다. 그래서 군 사령부를 방문한 적이 있었는데 군인들이 연병장을 뛰어다니며 신나게 축구하는 모습을 보며 군대에 가고 싶어 하였다. 객지 생활 중에 고생을 많이 해서 당시 내 몸무게가 45킬로그램이 채 못 되어서 체중 미달로 군 면제 대상이었는데, 남자가 군대를 안 갔다 오고 군번이 없으면 대한민국 남자로서 자격이 없는 것으로 생각이 되었다.

그래서 군 입대 신체검사 전에 음식을 억지로 많이 먹고 가서 겨우 통과하여 방위병으로 근무하게 된 것이었다. 그렇게 어렵게 들어간 군 생활에서 방위병 제대 일을 얼마 앞두고 지금의 처갓집을 만나게 되었다.

내 인생의 전환점, 처가 식구들과의 만남

방위병 제대를 두 달쯤 앞두고 나는 매일 밤마다 면소재지에 있는 춘산교회에 가서 혼자서 찬송 부르고 성경 말씀을 읽고 기도하였다. 그렇게 기도하다가 교회 마룻바닥에 엎드려서

   개척 교회, 미자립 교회에서 자립 교회로

잠이 들었다가 새벽에 깨어 새벽 기도를 드린 후 자취방에 가서 씻고 지서로 출근을 하였다.

그러던 어느 날 기도하다가 교회당 마룻바닥에 엎드려 잠이 들었는데, 새벽 1시경 그 교회 여전도사님인 김쌍금 전도사님과 부군 되신 이재훈 장로님이 교회에 기도하러 오셔서 불을 켜시고 나를 보게 되었다. 그로부터 며칠 지난 후 수요 예배 후 성가대 연습이 끝나고 교회 여집사님이 나를 잠깐 보자고 하더니 김쌍금 전도사님이 나를 위하여 집중 기도하고 계시다는 말씀을 전하였다. 며칠 전 교회에 기도하러 와서 교회당 불을 켜는 순간 엎드려 기도하고 있는 나의 모습을 보는데 성령님께서 "믿음의 아들로 양자로 받아들이라"는 마음의 확신이 들었다는 것이다. 그런데 전도사님이 그 말을 나에게 직접 하기가 어려워서 집사님께 고민을 말하였고 집사님이 대신 말해주게 되었다는 것이다. 전도사님 댁에는 무남독녀 외동딸이 하나 있는데 혹시 양자로 들어가 아들이 될 생각이 없느냐는 것이었다. 나는 너무 놀랐고 기도해보겠다고 말하였다.

그로부터 한 달쯤 지났을 때 전도사님이 직접 만나자고 연락을 해왔고, 양아들이 되어달라고 하였다. 나는 계속 기도하면서 나의 지난 인생을 돌아보았다. "네가 10년 동안 고생하며 객지 생활에서 모은 적지만 전 재산이었던 돈을 믿었던 친구에게 사기당해 수중에 한 푼도 없지 않느냐? 순종하라!"는 마음이 들었다. 그리하여 방위 제대 한 달을 앞두고 김쌍금 전도사님과 이재훈 장로님의 양자로 들어가게 되었다.

전도사님의 외동딸은 고등학교 졸업 후 음악대학에 진학하려고 2번 도전하였으나 실패하고 간호보조학원을 나와서 영주의 기독병원에서 간호보조원으로 근무하고 있었다. 전도사님과 장로님은 나에게 너는 우리 아들로 들어온 것이지 사위가 아니므로 딸과 결혼한다는 생각은 아예 하지도 말라고 하였다. 그리고 나를 양자로 입적시키려고 여러 기관에 알아보고 있었으나 동성동본이 아니면 양자가 안 된다고 하였다.

소명, 누가 입을 만들었느냐?

그러던 어느 날 전도사님이 기도하는데 나와 자신의 딸이 결혼하는 환상을 보았다면서 딸과 결혼하라고 하셨다. 그리하

 개척 교회, 미자립 교회에서 자립 교회로

여 얼떨결에 나는 1981년 3월 25일 30리 밖에 있는 금성면 탑리의 현대예식장에서 결혼식을 올렸다. 신혼여행으로 부산에 갔는데, 아내는 부모님의 말씀에 순종하여 결혼은 하였지만 본인은 전혀 결혼에 대한 생각조차 없던 사람으로 남자는 무조건 싫으니까 가까이 오지 못하게 하고 손도 잡지 못하게 하였다. 아내와의 불화와 여러 가지 갈등으로 나는 죽고 싶었다. 결혼하면 행복할 줄 알았는데 이렇게 되고 보니 너무 우울했고 죽기로 결심하게 되었다. 그 순간에 하나님은 나를 불러주셨다. 신학교에 가서 목회자가 되라는 것이다.

나는 이전에 0.1%도 목회자가 되겠다는 꿈을 가져본 적이 없었다. 초등학교를 겨우 졸업했으니 학력도 안 되고, 성격은 너무 내성적이라 말도 잘 할 줄 몰랐으므로 꿈에서라도 목사님이 되어 봤으면 하는 생각조차 한 적이 없었다. 죽기로 결심하고 일주일간 금식 기도를 하는데 비몽사몽 중에 출애굽기 3장과 4장을 읽어보라는 음성이 들렸다. 성경을 펴서 읽어보니 하나님께서 모세에게 출애굽을 명령하시는 말씀이 나오는 구절이었다. 하나님께 부름 받은 모세가 자신은 입이 뻣뻣하여 말을 잘 못한다고 하니, 하나님께서 누가 입을 지었느냐? 내가 너와 함께할 터이니 너는 애굽으로 가서 네 동족을 이끌어 내라는 말씀이었다. 나는 그 말씀을 응답으로 확인하고, 하나 님께서 소명하시는 것으로 깨닫고 순종하기로 결단하였다.

성경학교와 대신대학교 시절

그리하여 경북 의성교회 옆에 있는 경중노회(합동측)에서 운영하는 성경학교에 등록하고 3년간 성경공부를 하게 되었다. 성경학교에서 공부하는 동안 검정고시도 준비하여 중학교 과정과 고등학교 과정을 합격하였다. 그리고 대구에 있는 계명전문대학을 다니면서 대구신학대(대신대학교)를 졸업하였다.

그 이후 1987년 8월 서울 면목동 동서울중앙교회에 교육전도사로 부임하게 되었다. 아들 요셉과 딸 한나가 시골의 처가에서 태어나 자라고 있었는데 내가 서울로 오게 되면서 처음으로 분가하여 처가댁을 떠나게 되었다.

 개척 교회, 미자립 교회에서 자립 교회로

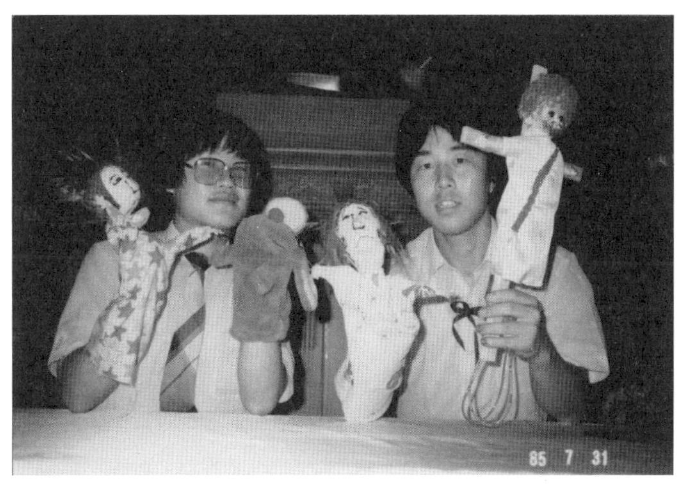

전도사 시절 인형극 모습

총신대학교 신학대학원 시절

1988년도부터는 총신대학원(양지 캠퍼스) 연구과정에 공부하러 다녔는데 아들 요셉은 7살이었지만 초등학교에 일찍이 입학하였다.

서울에서 교육전도사 생활을 잠시 하다가 이웃 교회의 목사님이 40일 금식 기도를 하다가 잘못 되어서 강단에 서지 못하게 되었다고 단독 목회 제안이 들어왔다. 1년 동안 그 교회에

서 사역을 하는데 목사님
이 회복되어 강단에 다시
돌아오신다고 하여 새로
운 사역지를 놓고 기도하
다가 1989년 인천으로 오
게 되었다. 인천은 한 번도
가 본 적 없는 낯선 곳이
었다. 인천 주안동 석바위
시장 안에 있는 상가 2층
교회에 교역자 자리가 비
어있다 하여 동창의 소개

총신대학원 졸업

로 시무하게 되었다. 그곳에서 총신대학원 졸업할 때까지 2년
가까이 시무하는데 사사건건 힘들게 하는 집사님들 때문에
졸업과 함께 개척해야겠다는 결심을 하였다.

신학교 다닐 때 국민일보 판촉 선교사를 구한다는 광고를
보고 국민일보 본사에 찾아갔더니 인천부평지국을 소개해주
었다. 국민일보 구독자를 접수해 오면 사례를 주는 일이었다.
학비를 벌어야 되었으므로 국민일보 판촉 요원으로 아르바이

    개척 교회, 미자립 교회에서 자립 교회로

트를 하였다. 졸업할 때 국
민일보 부평지국장 집사님
이 내가 개척을 준비한다
는 것을 알고 자신이 부개
1동 산동네에 재개발을 바
라보고 구입해 놓은 오래
된 집이 있는데 그 집을 매
입하여 개척 교회를 시작
해보라고 권유하였다. 그
리하여 나의 개척 교회가
시작되었다.

산동네 한마음 개척 교회

성경학교 3년, 신학대학 4년, 신학대학원 3년 총 10년을 공부하였으면 성경과 목회의 전문가가 되어있어야 할 텐데 나는 너무나 부족함 투성이었다. 매일매일 설교한다는 것이 두려웠다. 신학생 시절에는 졸업하고 목사 안수 받고 개척 교회를 시작하면 부흥이 저절로 될 줄로 착각하였다.

총신대학원 3학년 재학 시절 국민일보 부평지국장이 살고

개척 교회 주변 모습

있는 지국의 방 한 칸을 얻어서 살게 되었는데 지국 안에는 소년의 집(천주교에서 운영하는 고아원) 출신 고아 8명이 기거하면서 신문 배달을 하고 있었다. 그 아이들과 지국 내의 배달부들과 지국장 식구들의 밥을 아내 이경희 사모가 해주었는데, 매 끼니마다 20~30명이 식사하는데 돈도 감당이 안 되고 힘들어서 계속할 수가 없었다. 산동네에서 개척하면서 그 고아들에게 신앙 교육과 검정고시 공부를 가르쳐주려고 했지만 그들은 물건을 훔치고 사고를 치고 다 도망가 버렸다. 결국 우리 네 식구만이 개척 교회의 멤버가 되었다.

비록 산동네이고 무허가 빈민촌이지만 가정집 방 3칸짜리를 수리하여 교회당으로 모습이 갖추어져 가니까 옆집과 근처의 사람들이 와서는 소리소리 지르면서 교회당을 절대 하면 안 된다고 욕을 해댔다. 교회를 하면 시끄러워서 살 수가 없다는 것이 이유였다. 나는 손이 발이 되도록 찾아가서 빌고 또 빌면서 절대로 시끄럽게 하지 않겠다고 약속하고, 대접을 하고 이해를 구한 끝에 개척 교회를 시작하였다.

그러나 너무도 막막하였다. 엉터리로 집을 개조하였기 때문에 비가 오면 빗물이 새고, 쥐도 계속 들어왔다. 밤에는 무당

개척 교회 내부 모습

들이 굿하는 소리가 들렸고, 알코올 중독자들과 폭력 전과자들이 와서 나를 괴롭히기도 하였다. 삶이 어려운 사람들이 교회에 나오는데 심방 가서 보니 너무 어렵게 살고 있어서 그들을 돕고 싶었으나 도울 길이 없었다. 나 역시 생활이 너무 궁핍하여 부평 깡시장에 새벽마다 나가서 리어카로 짐을 실어주는 아르바이트를 하기 시작하였다.

새벽 4시부터 오전 10시까지 리어카로 짐을 실어다주는 일을 하면 2~3만 원의 벌이가 되었다. 그러다가 서울 가락동 농

 개척 교회, 미자립 교회에서 자립 교회로

수산물도매시장에 가서 야채와 과일 하역 작업을 밤새워서 해주는 일을 하게 되었다. 그런 식으로 돈을 조금씩 벌어서 빈민들에게 연탄을 사다주고 라면이나 식량을 전달해주면서 빈민 선교를 2년 넘게 하였다. 나는 개척 교회를 시작하면서 5년 동안 빈민을 섬기다가, '이후에는 복음에만 전념할 수 있도록 길을 열어주옵소서!'라고 하나님께 기도하곤 하였다.

2장

그리스도 생명과
복음 전파의 문

은과 금을 주지 말고 그리스도의 생명을 주라

그렇게 열심히 빈민선교를 하는데 위기가 왔다. 1992년 11월 말 오후 5시경 맞벌이 부부 집사님 댁에서 구역 예배를 드리는데 사모가 입을 손으로 가리고 밖으로 급히 나가는 것이었다. 화장실에 가는 줄 알았는데 예배를 마치자 사모가 손으로 입을 가린 채 나에게 나오라는 시늉을 하였다. 나가 보니 사모의 입이 확 돌아가 있었고 말을 못하는 것이었다. 급히 사모를 봉고차에 태워 한의원으로 데리고 갔다. 한의원 원장님이 침을 놓고 응급 처치를 한 후 한약 몇 봉지를 주면서 달여 먹이라고 하였다. 또, 찬바람 쐬지 말고 찬물에 손을 담그지 말고 몸을 따뜻하게 하면서 월요일에 다시 오라고 하였다. 입이 돌아간 이유를 물었더니, 영양실조에 신경 쓸 데가 너무 많아 스트레스를 과도하게 받은 것이 원인이라고 하였다. 그때 사모의 체중이 37킬로그램 밖에 나가지 않았는데, 나는 빈민선교를 한다고 빈민들을 위하여 헌신하면서 가족은 돌볼 줄을 몰랐었다. 그런데 막상 사모가 영양실조로 입이 돌아가 버리고 나니까 아찔한 생각이 들었고 사모의 건강을 신경 쓰지 못한 것이 후회가 되었다.

나는 사모를 교회로 데리고 왔다. 교회의 강대상 뒤편에 방한 칸을 들이고 전기 판넬을 한 장 반 깔아 몇 년 동안 우리 네 식구가 거기서 기거하고 있었다. 사모에게 누워있으라고 하고 나는 아이들이 월요일에 학교에 입고 갈 운동복을 세탁하고 오겠다고 하니, 사모가 기도해 달라며 내 발을 붙잡았다. 그때 나는 사모의 돌아간 입과 얼굴을 붙잡고 하나님께 간절히 기도를 드렸다. "하나님! 내일이 주일인데 사모가 입이 돌아간 상태로 누워 있으면 되겠습니까? 속히 낫게 하여 주옵소서!" 이렇게 울면서 간절히 기도하고 손빨래를 한 시간가량 하였다. 당시 세탁기가 없어서 찬 물로 빨래하면서 기도하는데 사모가

     개척 교회, 미자립 교회에서 자립 교회로

사랑의 교회로 개명

나을 것이라는 확신이 들었다. 빨래를 마치고 걱정하지 말라는 말을 해주려고 방문을 여니 깜빡 잠이 들었던 사모가 눈을 뜨고 나를 바라보는데 돌아갔던 입이 정상으로 돌아와 있었다. 기적 같은 일이 일어난 것이다. 다음 날 주일에 우리는 아무 일도 없었다는 듯이 예배를 드렸다.

그리고 주일 저녁부터 나는 아르바이트로 다니던 모든 일을 중단하고 강대상 앞에 엎드렸다. 일주일간 금식 기도하면서 하나님의 뜻을 구했다. 기도 중에 사도행전 3장 6절의 말씀이 응답으로 왔다. "은과 금은 내게 없거니와 내게 있는 이것을 네게 주노니 나사렛 예수그리스도의 이름으로 일어나 걸으라" 하는 말씀이었다. 그들에게 연탄이나 라면 같은 음식을 주지 말고 예수 그리스도의 생명의 복음을 전해주라는 하나님의 음성이었다.

그날 이후부터 나는 여기저기 전도 세미나를 찾아 참석하면서 복음을 정리하게 되었다. 그리고 하나님께 간구하기 시작하였다. "하나님! 어디든지 복음을 전할 곳으로 문을 열어 주시면 달려가서 예수 그리스도의 복음을 전하겠습니다. 문을 열어주세요!" 그리고 복음을 전하러 다니기 시작하였다. 한전

 개척 교회, 미자립 교회에서 자립 교회로

부평지점, 북인천세무서, 동아시티백화점 신우회(현재 롯데백화점), 부평공고, 기계공고, 인천대학교 등에 가서 매주 한 번씩 신우회 예배를 인도하고 복음을 전하였다.

평소 알고 지내던 김동권 목사님을 통해서 과천정부2청사의 재경부과 농림부 신우회 예배를 인도하게 되었다. 화요일에는 재경부 신우회에서, 금요일에는 농림부에서 예배를 인도하였다. 그랬더니 과기부에서는 목요일에, 공정거래위원회에서는 수요일에 신우회 예배를 인도해달라고 요청이 들어왔다. 그렇게 정부2청사에서 매일 신우회 예배를 인도하니, 공무원들이 오전 9시 출근인데, 아침 7시 30분까지 모일 테니까 아침 기도회를 연합으로 인도해달라고 하였다. 그래서 매일 아침 새벽 기도 후 과천청사로 달려가서 아침 기도회를 인도하였다.

그렇게 매일 과천청사예배를 인도하면서 돌아오는 길에 서울 광화문 정부1청사에 들러 로비에 앉아 또 기도하기 시작하였다. "하나님 아버지! 여기 1청사에도 복음을 전할 수 있도록 문을 열어 주옵소서!" 이렇게 기도하기를 몇 달째, 교육부 신우회에서 연락이 왔다. "목사님! 2청사에서 많이 활동하신다고 들었는데요, 1청사 교육부에서도 신우회 예배를 인도해주세요!" 하는 것이었다. 교육부 신우회는 매월 첫째, 셋째 주 수요일에 예배를 드린다고 하였다. 나는 드디어 응답이 왔구나 싶어서 달려갔다. 예배를 드리고 난 후 여의도 순복음교회에 다니는 여집사님 두 분이 다가와 내 손을 덥석 잡더니 말하였다. "목사님! 제가 교육부에 근무한 지 17년째 되는데, 그 17년 동안 교육부에서 말씀 운동해주실 목사님을 보내주시길 기도했습니다. 목사님이 응답인 것 같으니 다음 주부터 들어와 주세요!" 하는 것이었다. 그래서 월요일 점심시간에 교육부에 들어갔더니 교육부, 총리실, 행자부에서 근무하는 분들이 모여 있었다. 말씀 공부를 시작했는데 조달청 신우회, 특허청 신우회, 법원 청사 신우회, 지하철공사 신우회, KBS 신우회 등 계속 문이 열리기 시작하였다.

YTN과 연합통신이 분리되기 전 연합통신에 계신 유성봉 기자님이 공무원 신우회 만큼이나 언론인 신우회도 중요하니 언론사로 들어와 말씀을 전해달라고 하였다. 총신대학원 1년 선배 되시는 수원의 정현국 목사님께 공무원 신우회 사역을 부탁하고, 그때부터 나는 본격적으로 언론사 사역을 시작하였다. 언론사 신우회 예배를 인도하면서 예수 그리스도의 복

개척 교회, 미자립 교회에서 자립 교회로

박상범 앵커(위),
이인용 앵커(가운데),
한재호 기자(아래)와 함께

음을 강력하게 증거하였다. 매일경제신문사와 내외경제신문사 MBC와 KBS, CBS 그리고 조선일보와 기독언론인모임인 CJCK(코리아 저널리스트 크리스천 모임)에서 계속 말씀을 증거하였다.

예배와 말씀 운동을 지속하니 낙심했던 사람이 예수님을 영접하고, 확신 없었던 사람이 확신을 얻었으며, 도박 중독, 알코올 중독, 약물 중독 등 여러 가지 문제를 가진 사람들이 복음을 듣고 영접하고 양육 받으며 변화하기 시작하였다.

계속 열리는 복음 전파의 문들

그렇게 매일 예수 그리스도의 복음을 전파하러 열심히 뛰어다녔다. KBS에서 PD 모임과 기자 신우회, 성우 신우회에서 계속 말씀을 전했는데 어느 날 PD 모임에 낯선 사람이 와 있더니 예배가 끝나자 휴대폰을 연결하여 나에게 받아보라고 건네주었다. 전화를 받았더니 탤런트 송재호 장로님이었다. "목사님! 우리 감독님들에게 늘 성경 공부를 인도해주신다는 말씀

   개척 교회, 미자립 교회에서 자립 교회로

연기자 신우회, 정영숙, 김혜자, 송재호 장로와 함께

을 들었는데, TV 연기자 신우회에 와서도 예배를 인도해주세요!" 하는 것이었다. 그래서 TV 연기자 신우회에 가서 예배를 드렸더니 매주 와 달라고 요청하였다. 이후로 2년 넘게 TV 연기자 신우회에서 목요일마다 오후 3시에 예배를 인도하면서 많은 연예인들이 복음을 받고 구원받는 일들이 계속되었다.

그 무렵 정보사에 계신 대령님이 친구를 따라 코리아헤럴드사 예배에 왔다가 은혜를 받고 새로운 현장을 소개해주었다. 탈북자가 국내에 들어오면 격리해서 조사하는 합동신문소가 있는데 그곳에 와서 수요일 저녁마다 예배를 드려달라는 것이었다. 그리하여 수요일 저녁마다 정부의 정보기관에 들어가서 탈북자들에게 복음을 전하고 영접시키는 예배를 인도하게 되었다. 일가족이 배를 타고 탈북 해왔다는 TV뉴스를 보고 그곳에 가보면 그들이 거기에 다 모여 있었다.

나는 그곳에서 매주 수요일마다 탈북자들을 상대로 예배를 인도하면서 하나님께 기도를 드렸다. "하나님 아버지! 탈북자들이 국내에 들어오면 간첩인지 아닌지 조사하는 이 중요한 장소에는 국정원 직원이나 관계된 군무원들만 들어갈 수 있는 곳인데 저를 이곳에 보내셔서 매주 예배를 인도하고 복음을

   개척 교회, 미자립 교회에서 자립 교회로

전하게 하시는 이유가 무엇입니까? 제가 어떻게 하길 원하십니까?" 이렇게 계속 기도를 드리니 내 마음 속에 주님은 이렇게 대답하셨다. "너 저 사람들을 보면 북한이 보이지 않느냐? 북한의 복음 통일을 위하여 준비해야 할 것이 아니냐? 북한선교를 하도록 하라!"

그때부터 북한선교를 놓고 본격적으로 기도하기 시작하였다. 그 당시 MBC 저녁 뉴스 앵커와 KBS 아침 뉴스광장과 저녁 뉴스 앵커 그리고 여러 기자들과 PD들이 복음을 듣고 예수님을 영접하고 신앙생활을 잘하기 시작했는데, 나는 하나님께 깊이 기도하기 시작하였다. "공무원, 법조인, 장군들과 군인들, 연기자, 연예인들도 계속 복음 듣기를 원하고 신우회와 여러 곳에서 계속 예배를 인도해달라고 요청하는데 어디에 집중해야 할까요? 어디에 제자를 세우기를 원하십니까?" 그때 내 마음 깊은 곳에 이런 울림이 있었다. "30~40년 목회 후 언젠가 은퇴하는 날이 올 텐데, 여의도의 화려한 사람들 속에서 복음 전하고 대접 잘 받으며 사역을 잘했노라 할 것이냐? 이데올로기 갈등의 틈바구니에서 죽음의 위협을 느끼며 고통받고 생사를 넘나들며 하루하루를 버티고 있는 탈북자들을 보라! 사각지대 재앙지대가 되어버린 그들이 움직이는 북중 국경지대로 들어가 북한복음화를 준비해야 하는 것이 아니냐!"라고 하시는 성령님의 말씀이 내 마음속에 깊은 감동으로 울림을 주었다. 이명박 정부 시절에는 청와대에서 2년간 말씀을 전하기도 하였다. 그러나 나는 마음을 비우고 사각지대와 재앙지대로 가기로 마음먹었다.

그때 마침 KBS PD 모임에 들어갔더니, 손재경 PD가 프리랜서 기자를 데리고 와서 그에게 복음을 전해달라는 것이었다. 그가 복음을 듣고 예수님을 그리스도로 영접한 후에 나에게 말하였다. "목사님! 국내에 들어온 탈북자들을 돕는다는 말씀을 들었는데, 그것만 하지 말고 저와 함께 압록강과 두만강 국경지대로 가서 제가 숨겨둔 탈북자들에게 복음을 전해주세요!" 하는 것이었다. 그분은 북한 관련 다큐멘터리를 전문적으로 찍어내는 북한 전문가였다.

그리하여 그 기자를 따라 1998년부터 중국으로 들어가 탈북자들을 만나기 시작하였다. 한 달에 한 주간, 어떤 때는 두 주간 또는 세 주간 동안 국경지대에 들어가 탈북자 사역을 하였다. 그 동안 수많은 탈북자들을 만나 복음을 전하고 영접시

　　개척 교회, 미자립 교회에서 자립 교회로

키고 말씀으로 양육하였다. 복음을 받고 북한으로 다시 들어가는 사람도 있었고, 한국으로 온 사람들도 있었다. 남북한이 통일되기까지 탈북자 북한선교사 100명 이상을 길러낼 기도 제목을 가지고 탈북자 사역을 20년째 하고 있다.

탈북자 중에 북한에서 대학을 졸업하고 중국으로 팔려왔다가 나를 만나 10년 넘도록 신학공부를 하여 목사 안수를 받고 중국의 모 지역에서 탈북자 교회를 운영하고 있는 사역자들도 있다. 그분들은 중국으로 팔려온 자매들을 찾아다니며 사역을 하고, 사명자가 나오면 신학 공부도 시킨다. 탈북자 사역자가 또 다른 탈북자들을 이끄는 사역자 역할을 훌륭히 해내고 있는 것이다.

현재 우리가 후원한 탈북자 출신 목사가 3명, 준목이 1명이며 신학대학과 대학원에서 공부하는 신학생이 여러 명 있다. 우리 교회에 조선족 동포인 김남옥 장로님이 계시는데 탈북자 신학생을 키우는 데 필요한 경비를 매년 수천 만 원씩 후원해 주고 있다. 그분 자신은 알뜰 매장에서 남이 입던 헌 옷을 헐값에 구입하여 입고 절약하면서, 북한선교와 탈북신학생들을 위하여 매년 수천 만 원씩 후원하고, 예배당 건축을 위하여 수

개척 교회, 미자립 교회에서 자립 교회로

개척 교회, 미자립 교회에서 자립 교회로

억 원을 헌금하고 있다. 김남옥 장로님 외에도 전 교인들이 헌신하며 전도와 선교, 북한선교를 후원하여 우리교회를 든든히 세우고 있다.

북한선교활동이 너무 힘들어서 울면서 기도한 적도 있었다. "하나님 아버지! 탈북자를 돕는 일이 망망대해에 작은 돌멩이 하나를 던져 넣는 기분입니다. 이렇게 한다고 하여 뭐가 되겠습니까?"라고 기도하면서 탄식하였더니 "너 혼자 이 일을 한다고 생각하지 말거라. 북한을 문 열기 위하여 칠천 명 이상의 사역자를 내가 움직이고 있노라!" 하시는 성령님의 응답으로 감동을 받고 위로를 얻었다. 중국 백두산 아래에 있는 장백현 조선족교회의 조선족 한충렬 목사님과 오랫동안 친분을 유지하고 있었고, 그분이 무안신학교에 다닐 때부터 도와드렸으며 작년 1월에도 가서 만나고 왔는데 약 한 달 후 북한의 특무일당에게 습격당하여 순교하셨다. 사실 나도 북한으로 끌려갈 뻔했던 적이 여러 번 있었다.

탈북자인 줄 알고 7년 넘게 도와주고 신학교에 보내서 1년 반 동안 신학 공부를 시켰던 사람인데 알고 보니, 탈북자를 잡아가려고 북한에서 특파된 특무 대장이었다. 내가 말씀 양육

 개척 교회, 미자립 교회에서 자립 교회로

하는 사람 중에 국정원 국장 출신이 있는데, 내가 북한선교를 하고 있으니 국정원의 북한 담당자를 만나 도움을 받으면서 사역을 하는 것이 좋겠다고 하여 강남의 한 호텔 커피숍에서 그분을 만나게 되었다. 그에게 내가 양육하고 있는 탈북자 수십 명의 사진을 보여 주었더니 그 중에 한 사람의 사진을 집어 들고는 "이 사람은 이런 이름을 쓰고 있지요? 이 사람은 북한에서 파견된 특무 대장입니다. 한국, 미국, 캐나다, 뉴질랜드와 다른 여러 나라에서 북한선교하는 사람들에게 자신이 탈북자라고 하면서 탈북자를 안내해준다고 하고서는 상황을 다 파악한 뒤에 북한 특무대원들을 데리고 다니면서 탈북자들을 북한으로 압송하는 사람입니다"라고 하는 것이었다. 나는 그것도 모르고 그와 7년 넘게 동행하고 국경지대의 어느 여관방에서 잠을 자기도 하면서 함께 지냈던 것이다.

중국 북경에 있는 신학교에서 그 사람과 탈북자들을 공부하라고 보내 놓았더니 조선족 신학생들이 그를 보고 "목사님! 저 사람은 탈북자가 아니고 특무입니다"라고 하였다. 지금 생각해 보면 끔찍한 일이었다. 그 후에 나는 그를 멀리하였는데 나중에 이야기를 들으니, 그 사람은 국경지대에서 술에 취해서 오토바이를 타고 가다가 교통사고가 나서 죽었다고 한다. 복음에 지장이 되니까 하나님이 데려가신 것으로 생각된다.

주기철 목사님과 손양원 목사님의 일대기를 영화로 만들었던 권혁만 PD(장로님)가 KBS에서 〈추적 60분〉 제작을 하고 있을 때 평양에 취재하러 간다고 나에게 함께 가자고 하여 2007년 평양에 나흘간 다녀온 적이 있다. 북한! 흑암에 완전히 덮여 있는 어두운 땅이다. 우리는 복음에 빚진 자들이다. 우리나라의 신앙의 선조들은 일제 강점기에 신사참배를 반대하면서 순교하였고, 공산당에 대적하면서 순교하였다. 한국교회는 순교자들의 피 위에 세워져서 이렇게 축복을 누리고 있다. 북한에서는 지금도 수없이 많은 사람들이 중국에 나왔다가 복음을 받고 북한으로 다시 들어가 예수 믿는 것이 발각되어 순교 당하고 있다.

순교의 피가 계속 흐른다는 것은 앞으로 하나님의 계획이 크다는 것을 암시한다. 우리 교회는 20여 년 전 산동네에 있을 때부터 북한선교를 위하여 물질과 복음 전파하는 헌신을 계속해왔다. 이렇게 복음을 전파하는 일을 지속한 우리 교회는 지금 어떻게 되었을까?

개척 교회, 미자립 교회에서 자립 교회로

교회, 응답과 축복

산동네에서 6년간 목회를 하였다. 처음 2년간은 빈민 구제 중심의 사역을 하다가 은과 금을 주지 말고 그리스도의 생명을 주라는 말씀을 받고 문이 열리는 대로 달려가서 복음을 전하고 예비된 영혼들을 영접시키고 양육했더니 교회가 부흥되기 시작하였다. 현재 우리 교회에는 서울에서부터 장로님 가정이 열 가정 넘게 나오고 계시다. 어떤 가정은 복음 받고 20년 넘게 충성하고 있고, 또 어떤 가정은 10년 넘게 헌신하고 있다. 복음으로 만난 사람들이므로 거리가 멀어도 상관없이 달려와서 충성하고 헌신한다. 너무나 고귀하고 존경스럽다.

산동네에 있던 교회당이 비좁아서 갈산역 근처의 상가 3층 70여 평으로 옮겨 6년간 예배드리는 동안 2층과 지하층도 세를 얻어 3개 층을 사용하다가 근처의 공장 부지를 매입 증축하여 10여 년간 갈산동 예배당에서 목회를 하였다. 그때 송도유원지에 계시는 장로님 댁에 심방가면서 송도신도시를 보면서 기도하였고, 우리 교회에서 전도 잘하는 사명자들을 몇 분 보내서 송도에서 전도캠프를 해보라고 했더니 매주 사역보고

상가 성전(위)과 부평 성전(아래)

 개척 교회, 미자립 교회에서 자립 교회로

부평 성전 외부 전경(위)과 내부 전경(아래)

를 해왔다.

송도에서 여러 사람이 영접을 하고 말씀 양육을 받고 있다는 것이었다. 그들에게 가서 기도해달라고 하여 가서 예배를 드리는데 송도의 상가 건물 4층에 100평의 장소를 지교회당으로 얻게 해달라고 기도하고 있다면서 함께 그 장소를 보러 가자는 것이었다. 현장에 가 보니 예배당으로 적당한 좋은 장소였다. 그리고 그날 밤 조연숙 집사님(지금은 장로님)이 통장을 들고 와서는 송도캠프에 계속 동행을 했었는데 한 사람 한 사람 너무나 정확하게 복음을 받고, 양육 받는 것을 보면서 헌신하기로 작정하고 가져왔으니 송도지교회 건물을 구입하는 데 사용해달라고 하였다. 그리고 통장에 든 1억 원을 헌금해주셨다. 그 돈에 교회 돈을 보태서 상가를 분양받았고 송도지교회를 하게 되었다.

나는 매주 본 교회에서 주일 대예배가 끝난 후 송도로 달려가 송도지교회에서 오후 1시 예배를 인도하고 있다. 송도지교회에도 성도들이 많이 모여 예배를 드리고 중직자들이 든든하게 세워져가고 있다. 지금은 송도지교회 외에도 남동지교회, 영흥도지교회, 강서지교회, 동두천지교회, 북경지교회, 연운항

송도지교회

지교회에서 인터넷으로 동시에 예배를 드리고 있다. 국내 신학교에서 탈북자 신학생들이 10여 명 훈련받고 있고, 중국에서도 탈북자 신학생들이 북한선교를 대비해서 준비하고 있다.

4년 전 청라지구에 다 지어놓은 교회당을 매입해서 이사를 왔다. 90억 원에 매입했지만 인테리어와 방송장비를 새로 들여놓으니 100억 원이 넘는 돈이 들었다. 현재는 절반 이상 갚았고 아직도 약간의 빚이 남아있는데 은행에 10년간 갚아나가면 된다. 오직 전도, 오직 선교하면서 오직 복음 전파만 하리라

청라 성전

 개척 교회, 미자립 교회에서 자립 교회로

청라 성전 내부

마음먹고 전도하고 선교하니 하나님은 우리 사랑의교회를 축복해주시고 계신다.

앞으로 북한을 복음화할 100명 이상의 탈북자 선교사를 키워내서 북한의 문이 열리면 100교회당 이상을 세워서 북한을 복음화하는 것을 천명(天命)으로 삼고 있다. 인천 논현동과 탈북자들이 많이 모여 있는 지역에 탈북자 전문교회를 세워서 탈북자 목사님이 예배를 인도하도록 할 생각이다. 지금도 중국에 탈북자들이 모여서 신학 공부하는 곳으로 목사님 여러분이 교대로 들어가서 그들을 계속 양육하고 있고, 또 그곳에 남아서 북한 선교하는 2명의 탈북자 목사님들을 지원하고 있다.

 개척 교회, 미자립 교회에서 자립 교회로

사랑하고 존경하는 개척 교회 목사님들이여!
소망을 가지십시오

혹시 부흥이 너무나 안 되어서 낙심하거나 포기하지는 않으셨는지요? 복음 전할 곳은 무궁무진합니다. 학교, 공단, 공무원, 무속인 현장 등 복음 들고 달려가서 제자 삼아야 할 현장은 너무나 많습니다. 예수님께서 탄식하시면서 말씀하셨던 것처럼 희어져 추수하게 되었는데 추수할 일꾼이 적으니 그러므로 추수할 일꾼들을 보내주소서 기도하라고 하셨습니다(마태복음 9:36-38) 복음 들고 달려가서 신우회에서 말씀을 전하시고, 신우회가 없는 곳에 가서서는 영접시키고 그 사람 중심으로 신우회를 만들어 직장 복음화하기를 주님은 원하십니다.

공단이나 학교에 가보면 신천지나 안상홍증인회 같은 이단들과 사이비들 온갖 적그리스도의 무리들이 휘젓고 다니면서 어린 영혼들을 미혹하여 끌고 가고 있습니다. 건전한 신학교를 나오셔서 올바른 교회를 세우시고 목회하시는 사랑하는 목사님들과 사모님들에게 저는 안타까운 마음으로 호소합니다. 우리 함께 복음을 전해야 합니다. 어떻게 복음을 전해야 하는지,

어떻게 신우회에 가서 예배를 인도해야 하는지, 어떻게 전도하고 어떻게 제자를 세워야 하는지, 어떻게 미자립 교회에서 자립 교회로 성장할 수 있는지 궁금하시지 않으십니까?

저는 지금 사역이 너무 많고 무척 바쁩니다. 그러나 교회를 개척하고 빈민운동을 하는 동안에는 너무나 비참했고 어려운 생활을 했었습니다. 부모님께서 일찍이 소천하셔서 고아처럼 자라며 독학을 했고 빈민운동을 하느라 새마을열차를 단 한 번도 타 본적이 없었습니다. 그런 제가 전도와 선교운동을 하면서 비행기를 타고 50개가 넘는 나라를 바쁘게 다니며 전도 세미나를 인도하고 있습니다.

빈민촌에서 사역할 때 제 아들과 딸이 중학생이었는데 울면서 저에게 할 말이 있다면서 심각하게 이야기를 했습니다. 아들은 앞으로 목사가 되지 않을 것이며, 딸은 절대로 사모가 되지 않겠다고 했습니다. 가난이 너무너무 싫다는 것이었습니다. 그동안 아이들에게 남의 집 아이들이 입던 옷을 늘 얻어 입혔고, 통닭이 먹고 싶다고 해도 돈이 없어서 못 사주었습니다. 책도 헌책을 얻어다 주었고 학원도 보내지 못했습니다. 그런 아이들이 가난이 싫다면서 우는데 제 마음이 찢어질 듯 아팠습

 개척 교회, 미자립 교회에서 자립 교회로

니다. 그러던 아들이 고3 때 문득 말했습니다. "아빠! 총신에 지원할까요? 고신에 지원할까요?" 속으로 깜짝 놀라며 신학교 에는 절대 안 가고 목사도 안 될 것이라고 해놓고 왜 신학교에 지원하려 하느냐고 물었더니, 아빠가 응답받는 것을 보니 하나님이 살아계시며 응답해주시는 것이 확인되었다면서 자신도 신학교에 가서 훌륭한 목사님이 되기로 했다는 것입니다. 그래서 아들은 고신대를 졸업하고 목사 안수를 받은 후 현재 미국 LA에서 유학하고 있습니다. 딸은 중앙대학교 대학원을 나왔는데 목사 사모가 되어 충성하고 있습니다.

사랑하고 존경하는 목사님들이여!

저는 지난 20년간 오직 전도, 오직 복음 전파를 하였습니다. 지금도 신우회와 여러 곳에서 저에게 예배 인도를 의뢰하고 전도세미나 요청이 많이 들어옵니다. 갈 곳이 너무 많습니다. 가서 복음을 전하면 목사님 자신의 영성이 먼저 살아나게 됩니다. 저는 무속인들에게도 복음을 전해 지금까지 무당 열다섯 명을 영접시켰고 법당 열다섯 곳을 걷어내는 일을 했습니다. 절의 스님도 세 분 영접시켰습니다. 지금도 스님이 저를 계속 만나기를 청하며 때가 되면 복음을 받아들이고 예수를 믿겠다고 합니다. 제가 전도한 전직 무속인 조사랑 전도사님은 지금 신학대학원에 재학하며 우리교회 전도사님으로 사역하고 있으며, 30년 넘게 비구니로 생활하던 분이 돌아와서 지금 신학생으로 공부하며 복음전파를 준비하고 있습니다.

사랑하는 동역자님들이여! 힘을 내십시오! 저의 그 동안의 사역 노하우와 경험들을 사랑하는 목사님들께 전수해드려서 미자립 교회에서 자립 교회로, 개척 교회, 상가 교회에서 중형 교회로 성장되기를 소망합니다. 교회가 성장해야 선교도 할 수가 있고 목사님들의 생활도 안정이 될 것입니다. 현장에는 영생 얻기로 작정된 자들이 기다리고 있습니다(사도행전 13:48). "바울아 두려워하지 말며 침묵하지 말고 말하라 내가 너와 함께 있으매 어떤 사람도 너를 대적하여 해롭게 할 자가 없을 것이니 이는 이 성중에 내 백성이 많음이라 하시더라"(사도행전 18:9-10)고 하나님이 말씀하십니다. 현장에는 복음 받고 살아야 할 사람들이 너무나 많이 기다리고 있습니다. 미자립 교회를 위하여 기도합니다. 복음 때문에 수고하시고 고생하시는 목사님, 사모님들을 사랑하고 존경합니다. 우리 교회로 연락주시면 아무 비용 받지 않고, 아무 조건 없이 모든 노하우를 다

     개척 교회, 미자립 교회에서 자립 교회로

드리고 도와 드리도록 하겠습니다.

굼벵이로 살 것인가? 나비로 살 것인가? 굼벵이(애벌레)로 평생 살아가는 사람이 있습니다. 굼벵이가 기어가는데 토끼가 밟아버려도 배가 터질 뻔하고 죽을 뻔합니다. 조그마한 돌멩이 하나도 굼벵이 앞에는 큰 산이 됩니다. 도랑의 실개천 물도 굼벵이 앞에는 홍수와 같습니다. 조금 고통스럽고 힘들지만 고치를 짓고 번데기의 기간을 거치면 나비가 됩니다. 날개를 달고 훨훨 날게 되면 호랑이와 사자가 다가와도 전혀 걱정이 없습니다. 큰 강물도 날아서 건너버리면 되고 절벽도 날아가 버리면 됩니다.

평생 동안 갱신을 싫어하고 두려워하여 자신이 나비인 줄 모르고 굼벵이로만 살아가는 사람이 있고, 갱신하고 변화하여 나비처럼 훨훨 날아다니며 사는 사람이 있습니다. 저는 예전에는 굼벵이처럼 살았던 사람입니다. 그러나 전도를 알고부터 나비처럼 갱신되었습니다. 저는 만나는 모든 사람들에게 말합니다. 굼벵이처럼 기어 다니는 사람으로 평생을 살 것인가? 아니면 갱신하여 나비처럼 살 것인가? 선택은 당신 자신에게 달려있다고 말해줍니다. 그 어떤 사람도 내 인생을 대신 살아

줄 수가 없기 때문입니다. 나비 인생! 나비처럼 훨훨 날아다니면서 멋있게 복음을 전하시는 목사님들이 아름답습니다. 굼벵이에서 나비로 탈바꿈하는 일을 제가 돕겠습니다.

3장
전도의 힘

전도에 대하여

- 신우회에서나 또는 개인을 만나 복음을 전할 때 하는 메시지
- 성경본문: 마태복음 16:13-20

복음이란 무엇인가?

복음이란 인생근본문제 세 가지가 해결되는 것이다. 그러면 인생근본문제 세 가지가 무엇인가? 원래 인간은 하나님의 형상으로 지음을 받았다(창세기 1:27-28). 소나 돼지, 개, 원숭이 등 짐승은 하나님의 형상이 아니다. 사람만 언어가 있고, 생각과 사고가 있는 영적인 존재로 지음 받은 것이다. 그러므로 인

간은 하나님과 교제하며 영적으로 만나고 구원받아야 행복한 존재이다. 헬라어에 '인간'이란 단어는 '안쓰로포스'이고 '위를 바라보는 자'라는 뜻이다. 소나 돼지, 개는 땅의 것으로 만족한다. 배만 부르고 누가 괴롭히지만 않으면 된다. 소나 돼지, 개가 우울증이 걸리거나 물가가 많이 오른다고 살기가 어렵다고 자살하거나 하는 일은 없다. 그러나 사람은 영적인 존재로 지음받았으므로 배만 부르다고 만족하지 못하고, 영적으로 구원받고 영원한 생명을 얻고 하나님을 영적으로 만날 때 참 행복해지는 것이다. 어린아이는 엄마 품에 있을 때 행복하다. 엄마가 없으면 불행하다.

창세기 1장에는 하나님의 천지창조가 나오는데 창조의 원리 네 가지가 있다. 셋째 날에 물(바다)을 만드시고 다섯째 날에 물고기를 만들어서 물에 넣으신 것은 물고기는 물속에서 살아야 한다는 원리다. 물고기가 물속에 있으면 태평양 바다를 왔다 갔다 할 수도 있겠지만, 아무리 큰 물고기라도 물 밖에 나오면 죽게 되는 것이다. 즉 물고기는 물속에서 살아야 한다. 하나님께서 흙(땅)을 만드시고 나무나 채소, 식물이 나게 하신 것은 나무는 흙에 뿌리를 박고 살아야 한다는 것이다.

　　　　　　　개척 교회, 미자립 교회에서 자립 교회로

나무가 흙에 뿌리를 박고 있으면 계절을 따라 꽃도 피고 열매도 맺는다. 그러나 아무리 큰 아름드리나무일지라도 나무가 흙을 떠나면 죽게 된다. 새는 공중에 날아다니면서 살도록 지음 받았다. 새가 공중(대기권)을 벗어나면 죽게 된다. 인간은 하나님의 형상대로 지음 받았으므로 하나님과 소통하고 교제하면서 살도록 지음 받은 존재이다. 하나님이 아담과 하와를 흙으로 지으시고 그 코에 생기를 불어 넣으셨다(창세기 2:7). 생기는 '루하'라고 하는 하나님의 입김(호흡)으로 사람의 코에 불어 넣으시므로 살아있는 생기, 즉 사람이 된 것이다. 육신과 영혼이 합쳐져서 사람이 된 것인데, 육신은 부모를 통해서 왔고, 영혼은 하나님으로부터 왔으므로 영적으로 하나님을 알아야 하고 만나야 한다.

예수님이 제자들에게 질문하셨다. "사람들이 나를 누구라고 하느냐?" 제자들이 대답하였다. "세례요한, 엘리야, 예레미야, 선지자 중의 한 사람이라고 합니다."

예수님을 세례요한처럼 알아버리면 교회는 사회운동, 개혁운동, 정의운동을 하게 된다. 헤롯이 동생을 죽이고 동생의 부인을 빼앗았다. 세례요한은 헤롯의 잘못을 지적하였고 그 일

때문에 감옥에 갇혀 있다가 순교하게 되었다.

예수님을 엘리야처럼 알게 되면 신비운동, 불 체험운동, 능력운동을 하게 된다. 엘리야가 기도하면 하늘에서 불이 내려와 제단을 사르고(열왕기상 18장) 사람도 불에 타는 기적이 일어났던 것이다(열왕기하 1장).

예수님을 예레미야로 정의하게 되면 박애운동, 구제운동, 선행운동을 하게 된다. 예레미야서와 예레미야애가를 보면 예레미야는 탄식하고 애통해 하면서 구제운동을 많이 하였다. 물론 구제하고 봉사하고 선행하는 것이 교회와 교인이 당연히 해야 할 덕목이다. 그러나 복음은 희미하게 전하고 구제운동만 확실하게 하면 곤란하다.

예수님을 선지자 중의 하나 같이 여기면 경건하고 거룩하게 된다. 경건과 거룩함은 신자에게 꼭 필요한 영적 상태이다. 그러나 경건과 거룩함이 사람을 살리는 것이 아니라, 복음을 확실하게 전해야 사람이 살아난다.

세례요한이나 엘리야나 예레미야나 선지자 중의 한 사람 같이 예수님을 정의해 버리면 복음이 아니다. 이것은 닮은 예수, 흉내 낸 예수, 틀린 예수를 전하는 것이다.

복음이란 인생근본문제 세 가지 해결

① 아담과 하와가 마귀의 유혹을 받고 하나님을 떠난 것이다.

인간이 타락하기 전에는 뱀이 말을 하였다. 하나님은 에덴동산의 모든 과일을 먹을 수 있으나 선과 악을 알게 하는 선악과는 절대 먹으면 안 된다고 하셨고 먹는 날에는 정녕 죽으리라고 하셨다(창세기 2:17). 그런데 뱀은 하와를 찾아와서 네가 그것을 먹으면 하나님처럼 된다고 한 것이다. 모양은 뱀으로 왔지만 사실 그 뱀 속에 마귀가 들어가서 그렇게 한 것이다(요한계시록 12:9). 아담과 하와가 마귀의 유혹으로 하나님께서 금하신 선악과를 따먹고 범죄 함으로 에덴동산에서 추방당했고 그때부터 땅에는 가시와 엉겅퀴가 나고 고통과 질병과 죽음이 오기 시작하였다. 물고기가 물을 떠나면 죽듯이, 나무가 흙을 떠나면 죽게 되듯이, 인간이 하나님을 떠나게 되고 영적으로 죽게 되었다(에베소서 2:1). 인간이 하나님을 떠난 그 자체가 저주이다.

② 마귀에게 장악된 상태

하나님을 떠난 인간은 타락한 천사, 즉 사탄이라고도 하고 마귀라고도 하는 악한 영의 지배를 받게 되었다. 타락한 천사는 공중으로 쫓겨나서 공중에서 이 세상의 풍조를 장악하고 인간들을 미혹하는 운명 사주팔자, 미신, 굿, 점, 부적과 풍수지리, 궁합과 제사 같은 것을 하며 저주 가운데에 살아가도록 하고 있다(에베소서 2:1-3). 요한복음 8장 44절에 보면 너희는 너희 아비 마귀에게 속하였다고 예수님이 말씀하셨다. 마귀의 자녀이기 때문에 마귀의 풍조, 즉 마귀의 법을 따르는 것이다. 요한복음 16장 11절에 보면 이 세상임금이라고 했다. 사탄마귀는 불신자들에게는 임금처럼, 왕처럼 군림한다. 사탄마귀가 시키는 대로 마귀의 졸병인 귀신을 섬기는 것이다.

③ 지옥 문제

사람은 한 번 태어났으면 반드시 죽는 날이 온다. 죽으면 반드시 심판이 있고 예수님을 믿지 않고 죽으면 지옥으로 가야 한다(히브리서 9:27, 누가복음 16:19-31, 요한계시록 14:1-11). 로마서 3장 23절에 보면 "모든 사람이 죄를 범하였으매 하나님의 영광에 이르지 못하더니"라고 했다. 이 말씀은 모든 인간은 예수님을 믿어야 구원을 받는다는 것이다. 예수님을 믿지 않고 구

 개척 교회, 미자립 교회에서 자립 교회로

원받을 사람은 단 한 사람도 없다. 어떤 사람은 질문한다. 옛날 옛적에 아담 하와가 죄를 범하였는데, 오늘날 21세기를 살아가는 내가 왜 그 죄와 상관이 있느냐고. 노예제도가 있을 때 노예집안에서 태어나면 평생 노예로 살아야 하듯이 아담 하와의 후손으로 태어난 우리는 원죄를 타고 태어나는 것이다.

선지자

하나님을 떠난 저주와 사탄마귀귀신의 법인 운명 사주팔자, 지옥문제 이 세 가지가 인생의 근본문제 세 가지다. 이 문제를 해결하시려고 하나님께서는 원죄가 없는 하나님의 아들 예수 그리스도를 보내셔서 대신 그 문제를 해결해주시기로 약속하셨다. 창세기 3장 15절의 여자의 후손인 예수 그리스도가 동정녀의 몸을 빌려서 오실 것을 말씀하신 것이다. 이스라엘 백성들이 애굽에서 노예가 되어있을 때 하나님은 모세를 보내어서 희생제사, 즉 피 제사를 드린다고 전하라고 하였다(출애굽기 3:18). 양의 피를 문설주에 바를 때 노예생활에서 해방되었다(출애굽기 12:1-36). 이사야서 7장 14절에 보면, "보라 처녀가 잉태하여 아들을 낳으리니 그 이름을 임마누엘이라 하리라"고

했다. 마태복음 16장 16절에 "주는 그리스도시요 살아계신 하나님의 아들이시니이다"라고 고백할 때 우리는 구원을 받게 된다. 범죄한 인간, 저주받은 인간에게 구약시대에 하나님께서는 이스라엘 나라에 선지자, 제사장, 왕이 취임할 때에 그 머리에 기름을 부으라고 하셨다. 선지자는 하나님 떠난 인간들에게 하나님 만나는 길을 알려주는 자들이다. 선지자는 기름부음 받으면 하나님의 음성이 들려오고 그것을 기록해서 반복적으로 계속 전달해야 하는 직책이다. 하나님 떠난 인간들에게 하나님 만나는 길을 알렸던 선지자들처럼 예수님은 참 선지자로 오셨다. 요한복음 14장 6절에 "예수께서 이르시되 내가 곧 길이요 진리요 생명이니 나로 말미암지 않고는 아버지께로 올 자가 없느니라"고 하셨다. 로마서 10장 13절에 "누구든지 주의 이름을 부르는 자는 구원을 받으리라"고 하셨다. 예수님을 하나님 만나는 참된 선지자로 고백하면 구원을 얻게 된다.

제사장

구약시대에는 제사장이 취임식을 할 때 머리에 기름을 부었다. 제사장은 성전에서 하나님께 제사하는 직분을 맡은 자들이다. 하나님은 하나님의 백성들에게 하나님의 법, 즉 율법을 지킬 것을 명령하셨다. 이렇게 해야 한다는 법이 248가지이고, 이것은 하지 말라고 하는 법이 365가지로 합쳐서 모두 613가지의 법이 있다. 하라고 하는 것을 하지 않으면 죄를 짓는 것이고, 하지 말라고 하는 것을 하여도 죄를 짓는 것이다. 그런데 다 죄를 짓는다. 율법을 다 지켜서 구원을 받을 자는 없다(갈라디아서 2:16). 죄를 지은 사람은 성전의 제사장을 찾아가서 지은 죄를 자백하여야 하고 제사장은 양이나 염소 또는 비둘기를 잡아서 그 피를 흘리므로 그 사람의 죄를 용서받게 하는 일을 하였다(레위기 17:11, 히브리서 9:22). 죄 문제를 해결해주는 제사장의 일을 예수님은 십자가에서 죽으심으로 대신 해결해주신 참된 제사장이시다(마가복음 10:45). 나의 죄를 대신하여 예수님께서 십자가에서 죽어주신 것을 믿으면 죄 사함을 받게 된다.

왕

구약시대 이스라엘에서는 왕이 되는 자의 머리에 기름을 부었다. 왕으로 취임을 하게 되면 왕은 백성을 다스리고 통치하게 된다. 하나님의 아들, 즉 예수님이 이 땅에 오신 것은 마귀의 일을 멸하기 위함이었다(요한일서 3:8). 빛과 어둠은 싸움의 대상이 아니다. 빛 앞에서 어둠은 도망가게 된다. 고양이와 쥐는 싸움의 대상이 아니다. 고양이가 나타나면 쥐는 얼씬도 못하게 된다. 경찰과 도둑은 싸움의 대상이 아니다. 경찰 앞에서 도둑이 도망가듯 그리스도가 나의 왕이 될 때 사탄마귀귀신은 도망가게 된다.

북한주민들이 북한에서 어렵게 살지만 북한을 탈출하여 대한민국에 와 버리면 북한의 법에서 해방되고 북한 정권을 비판하는 삐라를 풍선에 넣어 북한으로 날려 보내도 괜찮은 것처럼, 예수님을 나의 선지자로 믿고 고백하면 마귀의 자녀에서 하나님 자녀가 된다. 나의 죄, 즉 원죄와 자범죄와 우상숭배죄와 조상의 죄를 짊어지고 저주 아래에서 살아야 하는데, 예수님이 나의 죄를 대신하여 십자가에서 죽으시고 부활하신 것을 믿으면, 죄와 사망의 법에서 벗어나게 된다(로마서 8:1-2). 그리고 예수님을 나의 왕으로 고백할 때 사탄마귀귀신의 법에서 해방된다.

개척 교회, 미자립 교회에서 자립 교회로

예수 그리스도의 이름

예수님은 그리스도 되신다. 예수는 이름이고 그리스도는 직분이다. 예수는 여호와의 구원이라는 뜻이다. 아들을 낳으리니 이름을 예수라 하라 이는 그가 자기 백성을 그들의 죄에서 구원할 자이심이라 하니라(마태복음 1:21). 하나님 떠난 저주와 사탄마귀와 지옥에서 구원하기 위해 하나님의 아들이 오신 것이다.

그리스도란 뜻은 기름부음을 받은 자란 뜻이다. 구약시대 이스라엘에서는 선지자, 제사장, 왕이 취임식을 할 때 그 머리에 기름을 붓고 기도하였다. 선지자는 하나님 만나는 길을 알리는 자이다. 제사장은 백성들의 죄를 양이나 염소, 비둘기를 잡아서 태워서 없애면서, 이 양처럼 하나님의 아들 메시아, 즉 그리스도가 오셔서 대신 죽어 주실 것이라고 고백하게 하고 그 피를 흘림으로써 죄 문제를 해결해주는 자이다. 예수님은 참된 제사장으로 십자가에서 우리의 죄를 대신하여 해결해주신 분이시다. 왕이 백성을 다스리고 통치하듯이, 하나님의 아들 예수 그리스도는 사탄마귀귀신을 꺾으신 참된 왕이 되신다. 베드로는 예수님을 그리스도로 고백하였다.

예수님을 그리스도로 알고 고백하면 따라오는 세 가지 축복

전도의 축복

예수님께서는 베드로에게 "내가 이 반석 위에 내 교회를 세우리니"라고 하셨다. 그리스도를 알고 믿으면 반석 같이 된다. 베드로라는 이름의 뜻이 반석이라는 뜻이다. 그리스도라는 단어를 알아들으면 흔들림이 없는 반석 같이 된다. 원어에 보면 "내가 내 교회를 내가 세우리니" 하는 뜻이다. 예수님을 그리스도라고 밝히 전할 수 있는 사람을 반석 같이 되게 하여, 그 사람이 복음을 전할 때 구원받기로 작정된 자를 주님이 구원받게 하신다는 뜻이다. 축구선수는 뭐니 뭐니 해도 골인을 잘해야 하고, 골인을 잘하면 돈, 명예, 인기도 다 따라오듯이, 전도가 되는 사람에게는 모든 축복이 다 따라오게 된다.

음부의 권세

음부의 권세는 사탄마귀의 권세다. 사탄마귀는 예수 그리스도의 이름 앞에서만 꺾이는 존재인데, 스계와의 일곱 아들들이 그리스도를 흉내 내다가 오히려 공격을 당하였다(사도행전 19:14-16). 마귀는 우리가 진짜로 그리스도를 믿는 자인지, 흉내만 내는 자인지 잘 알고 있다. 예수님을 그리스도로 알고 누리면 마귀는 꺾인다.

천국열쇠

열쇠는 문을 열고 *끄집어내는* 데에 쓰는 것이다. 즉 열쇠는 기도응답을 의미한다. 그리스도 이름의 비밀을 아는 자가 기도하면 하나님은 응답하신다고 말씀하셨다(요한복음 16:24, 14:13-14). 아파트, 자동차, 금고의 열쇠를 아무에게나 맡기지는 않는다. 중요한 열쇠를 믿을 수 있는 사람에게 맡기듯이, 그리스도의 이름과 직분의 비밀을 정확하게 알고 전할 수 있는 사람이 되면 기도응답이 온다.

결론

많은 사람들이 예수 그리스도의 이름으로 기도도 하고 복음도 전하지만, 다른 것은 열심히 전하면서 그리스도에 대해서는 대강 전하고 희미하게 전한다. 그러면 사람을 살릴 수가 없다. 초대교회는 날마다 예수가 그리스도라고 전하였다(사도행전 5:42). 바울도 그리스도를 만나고 나서 즉시로 제사장들에게 예수가 그리스도라고 증거하였다(사도행전 9:22). 바울은 뜻을 풀어가면서 예수가 그리스도라고 증거하였다(사도행전 17:3). 바울이 하나님의 말씀에 붙잡혀 예수는 그리스도라 밝히 증언하였다(사도행전 18:5).

하나님께서는 세상 이야기, 드라마 이야기, 여러 사회문제를 이야기하면서 그리스도에 대해서는 대강 희미하게 말하는 자를 싫어하신다. 예수가 그리스도라고 밝히 전할 전도자를 찾고 계신다. "주는 그리스도시요 살아계신 하나님의 아들이시니이다"라고 고백했던 베드로의 고백이 오늘 우리의 고백이 되기를 소원한다. 그리스도를 계속 고백하고 그리스도를 계속 증거하면, 전도와 기도응답은 따라온다. 우리를 힘들게 하던 음부의 권세, 사탄마귀는 꺾여버린다. 복음이 확실한 그리스도의 제자가 되시기를 축원 드린다.

　전도는 우리가 하는 것이지만 사실은 주님께서 우리를 통하여 하시는 하나님의 일이다. 왜냐하면 마태복음 16장 18절에 보면 주님께서 말씀하시기를 "내가 이 반석 위에 내 교회를 세우리니"라고 하셨기 때문이다. 사도행전 13장 48절에 보면 현장에는 영생을 주시기로 약속된 예비된 영혼이 있다. 전도는 하나님께서 작정하시고 연출하시는 하나님 나라의 일이므로, 복음을 전하여 생명 살리는 전도자가 준비될 때 현장에 영생 얻기로 작정된 자를 하나님께서 준비하시고 만나게 하시는 것이다.

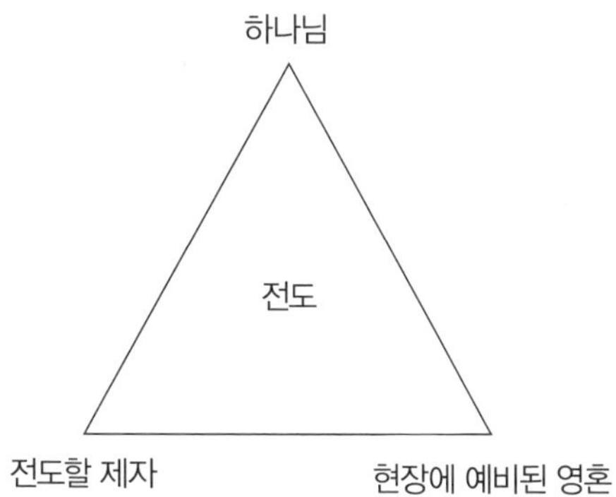

전도는 하나님께서 계획하시고 섭리하시고 주관하시는 절대적인 하나님의 일이다. 복음을 전하여 전도할 사람과 복음을 받고 영생을 얻어야 할 갈급한 영혼을 하나님께서는 다 준비하시고 인도하시기 때문이다. 그렇다면 성경의 사례를 통해 구체적으로 살펴보자.

복음 전할 소녀와 복음 받을 나아만 장군(열왕기하 5:1-27)

이스라엘에 아람군대가 침략하여 어린 소녀 하나가 포로로 끌려가서 나아만 장군 집에서 식모살이를 하게 되었다. 나아만 장군은 아람나라의 이인자인 국방부 장관이었다. 그는 전쟁영웅이고 아람나라의 왕 앞에 크고 존귀한 자였다. "아람 왕의 군대장관 나아만은 그의 주인 앞에서 크고 존귀한 자니 이는 여호와께서 전에 그에게 아람을 구원하게 하셨음이라 그는 큰 용사이나 나병환자더라"(열왕기하 5:1).

하나님께서는 아람나라에 복음이 전파되기를 원하셔서 나아만을 들어서 전쟁영웅을 만들어 놓으셨다. 그리고 나병이 들게 해서 갈급하게 해놓으시고 복음을 가진 소녀를 그 집에 포로로 가게 하셨지만 사실은 전도자로 파견해놓으신 것이었다.

 개척 교회, 미자립 교회에서 자립 교회로

그 소녀는 나아만 장군의 부인에게 사마리아에 있는 엘리사를 소개하면서 나아만 장군께서 엘리사에게 가서 기도 받으면 나병이 나을 수 있다고 전했던 것이다. 그 소식은 나아만에게 전달되었고 나아만은 아람 왕에게 말했으며 아람 왕의 친서를 가지고 여러 신하들의 호위를 받으며 나아만은 이스라엘 왕에게로 찾아갔다. 이스라엘 왕은 아람 왕의 친서를 읽고 옷을 찢으면서 이것은 틀림없이 전쟁하자고 시비함이라고 했다. 그 사실을 알고 있었던 엘리사는 그 사람을 내게로 보내소서 하였고 나아만은 엘리사를 찾아왔다. 엘리사는 나아만에게 요단 강에 가서 일곱 번 몸을 씻으라고 하였고 순종하여 어린아이 피부같이 치유되어 돌아갔다.

나아만 장군이 치유되어 돌아가면서 이제부터는 종이 번제물과 다른 희생 제사를 여호와 외의 다른 신에게는 드리지 아니하고 다만 여호와께 드리겠나이다 라고 하였다(열왕기하 5:17). 나아만이 돌아와서는 자신에게 치유받을 수 있도록 알려주었던 그 포로된 소녀를 식모로 살게 했을까? 아니라고 생각한다. 그 소녀가 나아만에게는 생명의 은인인 것이다. 그 소녀의 소원을 다 들어주었을 것이고 딸처럼 사랑하고 아꼈으리라고 생각한다. 이것은 전도자가 받을 축복을 말하는 것이다. 여기서 조금 아쉬운 것은 엘리사가 나아만을 그냥 돌려보냈다는 것이다. 1~2주 동안 붙잡아놓고 복음을 집중으로 전하여서 완전히 제자로 답을 얻게 해서 돌려보냈으면 얼마나 더 좋았겠는가 하는 사실이다. 그렇게 돌아갔더라도 한 달에 1~2주씩 와서 말씀 받고 훈련 안 받았으면 나병이 재발할 수 있다고 경고했다면 갈급하게 와서 복음 받고 제자가 되지 않았을까 하는 아쉬움이 있다. 어쨌거나 복음을 받아야 할 나아만 장군과 복음 전할 소녀를 하나님이 만나게 하셨고 복음 받게 하시려고 갈급하게 만들어 놓으시고 하나님께서 다 하셨다는 사실이다.

복음 가진 정탐꾼과 복음 받을 기생 라합(여호수아 2:1-24)

여호수아는 두 명의 정탐꾼을 여리고에 은밀히 보냈다. 정탐꾼 두 명은 밤중에 여리고 성으로 들어가서 기생 라합이 운영하는 술집에서 유숙하기로 하였다. 정탐꾼 두 사람이 기생 라합의 집에 들어갔다는 사실이 여리고 왕에게 보고되었고 왕은 군대를 보내서 정탐꾼들을 끌어내라고 하였다. 기생 라합은 이미 그 두 사람을 데리고 지붕 위로 올라가서 숨겨주었고 조금 전에 그들이 나갔으니 빨리 뒤를 쫓아가 보라고 거짓말로 군대를 돌려보냈다. 그리고는 두 정탐꾼들에게 내가 당신들을 숨겨주었으니 당신들이 이곳에 들어올 때에 나와 내 가족들과 내 집에 있는 모든 사람을 살려달라고 요청하였다. 기생 라합은 여리고성 사람들의 상태를 정탐꾼에게 알려주었다. 너희를 심히 두려워하여 이곳 사람들이 너희 앞에서 간담이 녹고 있다고 하였다(여호수아 2:9). 정탐꾼들은 네 집에 있는 사람들은 살게 될 것이니 네 가족과 친척들은 다 네 집에 들어와 있으라고 하였고 그 표시로 창문에 붉은 줄을 매어 놓았다(여호수아 2:18).

여호수아와 그 백성들이 여리고성을 하루 한 바퀴씩 육 일간 돌고 칠 일째는 일곱 바퀴를 돌고 소리 지를 때 여리고성이 무너졌는데 언덕 위에 있던 기생 라합의 집은 무너지지 않았고 라합의 집에 들어와 있었던 사람들은 다 살게 되었다. 그 정탐꾼 두 사람 중 한 명의 이름이 살몬이었고 그 살몬과 라합이 결혼하게 되었으며 그들 사이에 보아스가 태어나게 되었고 보아스는 모압 여자 룻과 결혼하게 되었으며 다윗의 조상이 되었고 예수 그리스도의 계보의 반열에 믿음의 영웅으로 들어가게 되었다(마태복음 1:5, 히브리서 11:31, 야고보서 2:25).

복음 전해야 할 정탐꾼과 현장에 예비된 갈급한 기생 라합과의 만남을 주선하신 분이 하나님이시다. 우리가 복음을 전하기 위해 현장에 나가서 기생 라합 같이 예비된 갈급한 사명자를 만나게 되면 그 사명자 한 사람이 바로 시스템이 되고 현장 지교회의 문이 되는 것이다. 복음 가진 정탐꾼이 되어 현장에 가서 현대판 기생 라합 같은 예비된 사명자를 찾도록 하자. 그곳이 곧 시스템이요 예비된 지교회가 되는 것이다.

복음 전할 빌립과 복음 받을 에티오피아 내시(사도행전 8:26-40)

복음 전할 빌립 집사님은 사도행전 6장 1-6절에서 안수집사로 선출된 믿음의 사람이다. 성경은 그를 전도자 빌립이라고 하였다(행 21:8). 주의 사자(천사)가 빌립에게 말하여 이르되 일어나서 남쪽으로 향하여 예루살렘에서 가사로 내려가는 길까지 가라 하니 그 길은 광야라 일어나 가서보니 에디오피아 사람 곧 에디오피아 여왕 간다게의 모든 국고를 맡은 관리인 내시가 예배하러 예루살렘에 왔다가 돌아가는데 수레를 타고

 개척 교회, 미자립 교회에서 자립 교회로

선지자 이사야의 글을 읽더라 성령이 빌립더러 이르시되 이 수레로 가까이 나아가라 하시거늘(행 8:28-29) 둘이 물에서 올라올 새 주의 영이 빌립을 이끌어간지라(행 8:39). 하나님께서는 에디오피아 여왕의 국고를 맡은 권세 가진 내시를 갈급하게 만드셔서 아프리카의 에디오피아에서 중동의 팔레스타인 지역인 예루살렘에까지 예배드리러 오게 하셨고 이사야서의 두루마리 성경을 사서 마차 안에서 읽으면서 에디오피아로 돌아가려는 내시를 빌립을 보내 만나게 하셨다. 빌립이 전하는 복음을 내시가 듣고 세례를 받고 에디오피아로 돌아갔다. 수천 년 동안 어두움에 잡혀있던 아프리카에 복음이 들어가는 시간표였던 것이다. 주의 사자가(행 8:26) 성령이(행 8:29) 주의 영이 빌립을 이끌어간지라(행 8:39).

복음 전해야 할 빌립 집사님과 복음을 받아야 할 에디오피아의 국고를 맡은 내시의 만남을 하나님이 주관하셨다. 이것이 전도요 선교다. 복음을 전해야 할 사명자, 정확한 복음이 준비된 사명자가 준비하고 있으면 현장에서 복음을 받아야 할 갈급한 영혼을 하나님께서 준비하신다. 성령님께서 우리의 중심을 아시고 깨끗하게 복음을 전할 사람이 준비되어지면 복음

을 받아야 할 예비된 제자는 하나님이 다 준비하시고 만나게
하신다.

복음 전할 아나니아와 복음 받을 바울(사도행전 9:1-22)

바울이 회심하기 전에 주로 쓰던 이름은 사울이었다. 사울
이라고 하는 이름은 주로 집에서 사용하는 이름이었고 바울
이라고 하는 이름은 밖에서 쓰던 이름이라고 한다. 바울은 로
마에 살지 않았으면서도 로마시민권자로 태어났다(행 21:28).
그는 당대 최고의 랍비였던 가말리엘의 문하생이었다(행 22:3).
그는 스테반이 순교당할 때 그 장소에 참관인으로 있었고(행
7:58) 예수를 이단으로 알고, 예수를 믿고 따르는 자들을 사형
시켜야 한다고 생각하였다(행 8:1). 예수 믿는 자들을 붙잡아
와서 스테반처럼 처형시키려고 대제사장에게서 체포결제권을
받아와 체포조를 이끌고 예수 믿는 사람들을 붙잡으러 다메
섹 지역으로 가다가 예수님을 만나게 되었다. 빛이 그를 둘러
비추었고 그 빛으로 인해 그는 땅에 엎드렸는데 소리가 들렸
다. "사울아 사울아 네가 어찌하여 나를 박해하느냐" 하는 예
수님의 음성이었다.

 개척 교회, 미자립 교회에서 자립 교회로

그는 땅에 엎드린 채 "주여 누구시니이까"라고 질문하였고, "나는 네가 박해하는 예수"라는 대답을 들었다. 그렇게 하여 그가 실명된 채로 사흘간 식음을 전폐하고 기도하고 있을 때, 주님께서는 전도자 아나니아에게 나타나서 "직가라 하는 거리로 가서 유다의 집에서 사울이라 하는 사람을 찾으라 그가 기도하는 중이니라"고 하셨다. 이때 아나니아는 주께 질문하기를 "그 사람에 대하여 내가 여러 사람에게 듣사온즉 그가 예루살렘에서 주의 성도에게 적지 않은 해를 끼쳤고 여기서도 주의 이름을 부르는 모든 사람을 결박할 권한을 대제사장들에게 받았나이다" 하거늘 주께서 이르시되 "가라 이 사람은 내 이름을 이방인과 임금들과 이스라엘 자손들에게 전하기 위하여 택한 나의 그릇"이라고 하는 말씀을 들었다. 아나니아가 사울을 만나서 그에게 안수하여 이르되 "형제 사울아 주 곧 네가 오는 길에서 나타나셨던 예수께서 나를 보내어 너로 다시 보게 하시고 성령으로 충만하게 하신다" 하니 즉시 사울의 눈에서 비늘 같은 것이 벗어져 다시 보게 된지라… 사울은 힘을 더 얻어 예수를 그리스도라 증언하여 다메섹에 사는 유대인들을 당혹하게 하니라(행 9:1-22).

복음을 전할 사명자 아나니아와 복음을 받아야 할 사울을 예수님께서 연출하시고 만나게 하시고 거듭나게 하셨다. 아나니아는 다른 사람을 더 전도하지 아니하였다 하더라도 사울이라고 하는 바울을 변화시키는 일에 쓰임 받은 것만으로도 어마어마한 상급을 받은 것이다. 하나님은 사울이라고 하는 이 바울을 베드로나 요한에게 붙이지 아니하시고 평신도인 아나니아에게 붙여주셨다. 이와 같이 복음 전할 아나니아가 준비되어 있을 때 복음 받아야 하는 바울을 꺾으셔서 만나게 하시고 복음의 제자로 거듭나게 하신 분은 우리 주 예수 그리스도이시다.

복음 전할 베드로와 복음 받을 백부장 고넬료(사도행전 10:1-48)

하나님은 로마의 백부장이라는 직책을 맡은 고급장교 고넬료에게 은혜를 주셨고 고넬료가 하나님을 섬기고 예배드리며 구제하고 금식할 때에, 욥바에 사람을 보내서 무두장이 시몬의 집에서 시몬이라고 하는 베드로를 청하여 복음을 들으라고 하셨다. 그래서 고넬료는 경건한 종 두 사람을 욥바의 무두장이 시몬의 집으로 보내 베드로를 모시고 오라고 하였다. 그

두 사람이 시몬의 집 가까이 갔을 때 베드로는 옥상에서 기도하고 있었는데 환상을 보았다. 하늘에서 큰 보자기 같은 그릇이 내려오고 각종 짐승과 벌레들이 기어 다니는데 하나님께서 이것들을 잡아먹으라고 하셨다. 베드로는 주여 그럴 수 없나이다 속되고 깨끗하지 아니한 것을 내가 결코 먹지 아니하였나이다 하는데 하나님께서 깨끗하게 하신 것을 네가 속되다 하지 말라 하고 보자기가 올라갔다 내려갔다 하면서 세 번씩이나 같은 말씀이 반복되었다. 베드로가 이것이 무슨 뜻일까 하고 생각할 때 밖에서 문 두드리는 소리가 났고 고넬료가 보낸 사람들이 베드로를 찾았다. 그들은 베드로에게 고넬료의 집으로 와 달라고 청하였다. 그때 주님께서는 방금 네가 보았던 환상이라면서 일어나 의심하지 말고 가서 복음을 전하라고 하셨다.

베드로가 고넬료의 집에 도착했을 때 고넬료는 베드로 앞에 달려와 엎드려 절하였고 이때 베드로는 나도 사람이라고 만류하였다. 베드로는 자신이 유대인으로서 이방인과 교제하며 가까이 하는 것이 위법인 줄은 너희도 알거니와 하나님께서 내게 지시하사 아무도 속되다 하거나 깨끗하지 않다 하지 말라 하시기로 부름을 사양하지 아니하고 왔노라고 하였다. 베드로가 예수 그리스도에 관한 복음을 전할 때 고넬료 집에 모여 말씀 즉 복음을 듣는 모든 사람들에게 성령이 임하셨다 (행 10:44).

복음 전해야 할 베드로와 복음 받아야 할 고넬료와 그 가족과 친척들을 하나님이 준비하여 만나게 하셨고 성령충만을 주셨다. 오직 성령이 너희에게 임하시면 너희가 권능을 받고 예루살렘과 온 유다와 사마리아와 땅 끝까지 이르러 내 증인이 되리라고 하셨다(행 1:8). 사마리아에 문이 열렸다(행 8:4-8). 로마에 문이 열린 것이다. 고넬료는 로마의 가이사에게서 파견 나온 고급장교다. 그런데 베드로는 이방인인 로마 사람 고넬료와 만나면 안 되고 교제하면 안 되는 줄 알았다. 깨닫지 못하는 베드로에게 주님은 부정해 보이는 짐승과 벌레들을 잡아먹으라고 하시면서 내가 깨끗하게 한 사람을 네가 부정하다고 하지 말고 가서 복음을 전하라고 하셨고 복음을 전할 때 성령이 말씀 듣는 모든 사람에게 임하였던 것이다. 이와 같이 복음 전할 베드로와 복음을 받아야 할 고넬료와 그 가족들, 친척들, 친구들까지 현장에 갈급한 영혼들을 하나님께서 다 준비하시고 만남의 축복을 주신다.

복음 전할 바울과 복음 받을 루디아(사도행전 16:11-15)

바울 팀은 아시아에 가서 복음을 전하려고 하였으나 자꾸만 문이 막혔는데, 기도 중에 마게도냐 사람이 나타나서 건너와서 우리를 도와달라고 하는 환상을 보고 마게도냐 지역(유럽)으로 방향을 틀었다(행 16:1-10). 마게도냐 지방의 첫 성인 빌립보에 도착한 바울 팀은 안식일에 기도할 곳을 찾다가 강가에 모여 앉은 여자들을 보고 가서 복음을 전했고 주께서는 예비된 두아디라 시에 사는 자색 옷감 장사꾼으로서 하나님을 섬기는 여자 루디아의 마음을 열어서 바울이 전하는 복음을 받아들이게 하셨다. 나를 주 믿는 자로 알거든 내 집에 들어와서 말씀 운동을 해달라고 하였고 루디아가 사명자로 세워지므로 루디아의 집에서 시작된 전도운동이 빌립보 교회로 발전하게 되었다. 빌립보 교회가 바울에게 선교헌금을 보내면서 큰 헌신을 하게 된 것이 빌립보서에 나온다. 바울 팀은 아시아로 가고자 계획했으나 하나님은 그들을 마게도냐 지역으로 인도하셨다. 마게도냐 지역의 첫 성 빌립보에서 예비된 제자 루디아를 만나서 그 집에서 시작된 빌립보 교회와 제자들이 바울의 선교사역을 크게 돕는 제자들이 된 것이다. 이와 같이 복음 전하려고 하는 바울 팀과 복음을 받아야 할 두아디라 시의 자색 옷감 사업을 하는 루디아와의 만남의 축복을 주님께서 주신 것이다. 루디아와 같이 갈급하게 하나님의 말씀을 청종하고 복음운동할 사명자를 하나님께서는 현장에 예비해 놓으시고 복음 전할 사역자를 찾고 계신다.

현장이 답이다. 복음 받을 저 현장에는 현대판 루디아가 숨겨져 있다. 동기와 야망을 가지고 나가면 주님께서 만나지 못하게 막으신다. 바울처럼 순수하게 오직 예수 그리스도의 원색적인 복음만 전하려고 할 때 하나님은 문을 여신다. 나의 제자, 목사의 제자가 아닌 오직 그리스도만 바라보는 그리스도의 제자를 삼을 자를 하나님은 찾고 계신다.

복음 전할 전도자 바울과 복음 받을 간수장(사도행전 16:19-40)

바울이 빌립보 지역에서 숙소를 정해놓고 그 숙소와 루디아 집을 오가며 제자를 확립하며 말씀 운동을 하고 있을 때 그곳 길가에는 귀신 들린 점치는 소녀가 앉아서 점으로 그 주인들

개척 교회, 미자립 교회에서 자립 교회로

을 이롭게 하고 있었다. 그런데 그 소녀는 바울 일행을 볼 때마다 이 사람들은 지극히 높은 하나님의 종으로서 구원의 길을 너희에게 전하는 자라고 소리를 계속 질러댔다. 바울은 그 귀신 들린 자에게 예수 그리스도의 이름으로 귀신을 나오라고 명령하였고 귀신이 떠나자 그 소녀는 점을 칠 수 없게 되었다. 그리하여 그 소녀의 주인이 바울과 실라를 그곳 상관들에게로 끌고 가서 고발하였고 바울과 실라는 많이 매 맞고 깊은 옥에 갇혔다. 바울은 로마 시민권자였으므로 그 시민권을 보여주면 매 맞을 일도 없었고 감옥에 가지 않아도 되었는데 시민권을 보여주지 않아 매 맞고 감옥에 갇혔다. 모든 사람들이 깊이 잠든 밤중, 바울과 실라가 찬송하고 기도할 때 옥문이 열리는 놀라운 일이 벌어졌다. 이때 빌립보 감옥의 간수장이 자다가 눈을 떠보니 옥문이 다 열린 것을 보고 죄수들이 다 도망간 것으로 착각하여 칼을 빼어 자결하려고 할 때 바울이 소리를 질렀다. "네 몸을 상하지 말라 우리가 다 여기에 있노라" 했더니 그 간수가 등불을 들고 바울 앞에 와서 엎드리고 바울과 실라를 데리고 나가서 묻기를 "선생들이여 내가 어떻게 하여야 구원을 받으리이까" 하거늘 이르되 "주 예수를 믿으라 그리하면 너와 네 집이 구원을 받으리라" 하였고 그날 밤에 간수는 바울과 실라를 자기 집으로 데리고 가서 맞은 자리를 씻어주고 온 가족이 복음을 받고 세례를 받게 되었다. 복음 전할 바울이 준비되었을 때 하나님께서는 복음 받을 간수장과 그 가족들을 준비하신 것이다. 전도는 어려운 것이 아니다. 하나님께서 이 간수장과 같이 갈급한 영혼을 준비하시고 만남을 주시면 간단하게 전도가 되어지는 것이다.

복음 전할 바울과 복음 받을 데살로니가의 야손(사도행전 17:1-9)

바울 팀은 데살로니가에 이르러 유대인의 회당에 들어가서 자신의 관례(전략)대로 세 안식일 동안 성경을 가지고 강론하여 예수가 그리스도 되심을 증거하였다. 거기에 예비된 사명자 야손이 제자로 세워지게 되었고 야손의 집에서 데살로니가 교회가 시작되었으며 헬라의 지식인과 귀부인들도 복음을 듣고 제자가 되어 야손의 집에 모여들었다. 이렇게 예수 그리스도의 이름하에 야손 중심으로 제자들이 모이는 것을 시기한 유대인들이 저자(시장)의 불량배들을 동원하여 바울을 죽이고자 하였다. 바울은 급히 그곳을 빠져나가 뵈뢰아로 가서 복음을 전

개척 교회, 미자립 교회에서 자립 교회로

하였고 또 헬라의 아테네까지 가게 되었다. 박해하는 자들이 바울을 죽이려고 시장의 깡패들을 동원하여 수색했지만 이미 바울은 충성된 제자 야손을 완전히 복음으로 결론 나게 해서 사명자로 세워놓고 그곳을 빠져나가버린 후였다.

데살로니가의 야손! 하나님께서 데살로니가를 복음화 하시려고 야손을 예비해 놓으시고 바울을 만나게 하신 것이다. 이렇게 예비된 제자 야손과 그의 집에서 시작된 데살로니가 교회에서 훗날 많은 제자들이 세워졌고 마게도냐와 아가야의 모든 믿는 자들에게 본이 되는 교회가 되었다(데살로니가전서 1:7). 그들의 믿음의 소문은 마게도냐와 아가야뿐만 아니라 각처로 퍼져나갔다(데살로니가전서 1:8). 복음전도자 바울이 가는 곳 데살로니가에 하나님은 야손을 예비해 두시고 만남의 축복을 주셨던 것이다. 현대판 야손 같은 충성된 제자를 하나님은 현장에 준비해 두시고 올바른 복음 전할 전도자를 찾고 계신다.

복음 전할 바울과 복음 받을 아굴라 브리스길라 부부(사도행전 18:1-4)
복음 전할 전도자 바울이 헬라의 수도 아테네에 가서 철학과 지식으로 전도하였으나 열매가 거의 없었다. 전도에 실패하

다시피하고 고린도에 도착한 바울은 복음에 대한 결단을 하고 있다. "내가 너희 중에서 예수 그리스도와 그가 십자가에 못 박히신 것 외에는 아무것도 알지 아니하기로 작정하였음이라(고린도전서 2:2)". 이 말은 헬라의 아테네에서 자신의 지식과 철학으로 복음을 전했으나 실패하고 난 뒤에 이제부터는 예수 그리스도와 그가 십자가에 못 박히신 복음만 전하겠다고 결단하는 계기가 되었다. 고린도에 도착한 바울은 아굴라 브리스길라 부부를 만나게 되었다. 아굴라는 유대인이고 브리스길라는 로마 사람이었으며 국제 결혼한 가정이었다. 부부는 로마의 글라우디오 황제가 모든 유대인을 로마에서 떠나라고 한 명령 때문에 삶의 터전을 잃어버리고 고린도로 가게 되었는데 그곳에서 바울과 만났다. 성경은 그들과 바울의 "생업이 같으므로"(사도행전 18:3)라고 하였다. 유대인들은 전공과 부전공을 가지고 있는데, 바울은 대(大)학자이면서 비상시에 쓰는 부전공 분야가 천막을 만드는 기술이었고, 아굴라 브리스길라 부부도 천막을 만드는 직업을 가지고 있었다. 이렇게 만나서 그 집에서 복음과 전도운동을 하는 홈처치(Home Church)가 시작된 것이다. 성경에서는 브리스가와 그 집에 있는 교회(고린도전

 개척 교회, 미자립 교회에서 자립 교회로

서 16:19)라고 하였다.

아굴라 브리스길라 부부가 바울을 만나서 복음이 확립된 후 아볼로 선교사를 만났는데 아볼로는 언변이 좋고 지식이 많았으나 세례요한까지만 알고 그리스도는 모르고 있었다. 이에 아굴라 브리스길라 부부가 아볼로 선교사님에게 간증을 하면서 그리스도를 증거하였고 그 이후로 아볼로 목사님은 예수 그리스도를 밝히 전하는 선교사가 되었다(사도행전 18:24-28). 이렇게 바울과 만난 아굴라 브리스가 부부는 평생의 제자가 되었고 바울을 위해서는 목숨까지도 내놓는 참된 제자가 되었다(로마서 16:3-4). 전하는 바에 의하면 그들이 만든 천막이 로마에 군납이 되어 돈을 많이 벌어 바울을 돕고, 또한 로마의 정치 경제인에게 영향을 주어서 로마복음화의 주역이 되었다고 한다. 복음 전할 바울과 복음 받고 중직자로 헌신할 아굴라 브리스길라 부부와의 만남의 축복도 하나님이 다 준비하시고 인도하신 결과들이다.

전도는 이와 같이 우리가 하는 것 같지만 하나님이 다 하시는 일이다. 복음 전할 전도자와 복음 받을 갈급한 심령을 하나님께서 만나게 하시고, 제자로, 중직자로 헌신하게 하신다. 그래서 전도는 어렵거나 쉽다고 할 수 있는 것이 아니다. 하나님이 우리를 들어서 하시는 하나님의 일이기 때문이다. 복음에 갈급하여 아프리카에서 중동의 예루살렘까지 와서 성경을 구해 마차 안에서 읽었던 에디오피아의 내시에게 빌립을 붙이신 하나님이시다. 사울이라는 바울을 꺾어서 실명시켜 놓고 금식기도하고 있는 바울에게 아나니아를 보내어 복음을 전하게 하신 주님이시다. 빌립보 간수를 예비해 놓으시고 바울을 통해 그 가족이 구원받게 하신 주님이시다. 야손과 아굴라 브리스길라 부부와 바울의 만남을 주선하신 그리스도! 복음전할 소녀를 전쟁포로가 되게 하여 나병환자인 나아만의 집으로 인도하시고 나아만을 갈급하게 하여 복음을 듣게 하시는 주님이시다.

전도! 전도는 쉽고 되어지는 것이다. 전도할 사람이 복음으로 충만하고, 원색적인 그리스도의 복음을 전할 준비가 되어 있으면, 하나님께서는 복음 받을 사람을 만나게 하신다. 나는 25년이 넘도록 공무원 세계에서, 언론인들과 연기자가 있는 신문사 방송국에서, 탈북현장에서 끊임없이 그 일을 확인하고

발견하고 체험하고 누렸던 증인이다. 이와 같은 응답이 개척
교회 목사님들에게도 꼭 있게 되길 소망한다.

이스라엘 백성들은
왜 고난과 역경을 계속 당하였는가?

하나님의 백성인 이스라엘 백성들이 애굽의 노예로 400년
간 고통을 당하였고, 바벨론의 포로생활을 70년간 하였으며,
북조 이스라엘 백성들은 포로가 되어 앗수르에 끌려갔다. 그
리고 블레셋과 아람과 바사에게 침략을 계속 당하였고, 로마
의 속국이 되었으며, 신약시대에는 2000년 가까이 전 세계에
흩어져서 유리방황하는 민족이 되었다. 하나님의 백성인 이스
라엘 민족들이 도대체 왜 이렇게 고통을 당해야만 하였는가?
성경은 이스라엘의 수난사이고 노예, 포로, 속국, 기근, 전쟁,
유리방황 등 끝없이 고통당하는 내용들로 채워져 있다. 그 이
유가 무엇인가?
　잘못된 선민사상이다. 하나님은 아브라함을 부르시면서 처

음부터 선교를 말씀하셨다(창세기 12:1-3). 그런데 이스라엘 민족들은 선교를 선민사상으로 바꾸어 버렸다. 우리 민족만 선택받았기 때문에 우리만 하나님을 섬겨야 하고 다른 민족은 이방인이며 그 이방인들과는 교제해도 안 되고 가까이 해도 안 된다고 하는 잘못된 선민사상으로 오해하고 선교하지 않으므로 계속 얻어맞은 역사다.

선교를 하지 않으므로 하나님께서는 하나님의 방법으로 선교를 하신다. 예를 들면 출애굽기 12장의 히브리 민족들이 집집마다 문설주에 피를 발랐는데, 천사가 장자를 다 죽이고 지나갈 때 피를 바른 집은 재앙 없이 그냥 지나갔다. 장자가 죽는 사건을 통하여 애굽 사람들에게 하나님이 진정한 신이신 것을 알리셨다. 출애굽한 이스라엘 백성들을 홍해를 건너게 하시고, 추격해온 애굽 군대를 홍해에 다 수장시켜 죽인 사건이 전 세계로 소문이 퍼져 나가게 하시는 것이 하나님의 방법이다.

선교를 통해서 하나님의 복음을 전해야 할 미션을 받은 이스라엘 사람들이 선교하지 않으니까 하나님은 하나님의 방법대로 하시는 것이다. 바벨론에 가서 선교하기를 원하시지만 안 가니까 포로가 되어 끌려가게 하셔서 풀무 불에서, 사자 굴에

 개척 교회, 미자립 교회에서 자립 교회로

서 죽어야 될 상황에서 죽지 않고 살아나는 것을 통해서 하나님의 살아계심을 알리신 것이다. 에스더와 모르드개를 통해서 메대 바사 나라에 하나님이 살아계신 것을 알리신 것이다. 하나님의 절대 계획이신 선교를 못 깨닫고 안 하니까 하나님께서는 포로가 되어 가게 하시고, 그곳에서 하나님의 살아계심을 알리시는 것이다.

선교를 싫어하고 잘못된 선민사상이 뿌리내리고 체질화된 모습을 가장 잘 보여주는 장면이 요나서에 나온다. 하나님께서는 요나에게 앗수르의 수도 니느웨에 가서 회개하지 않으면 사십일 후에 하나님의 심판이 있을 것을 알려서 그들을 구하라는 명령을 내리셨다. 그러나 요나는 저 원수 같은 나라의 사람들을 왜 복 주시려고 하시나 하는 시기질투로 잘못된 마음을 가지고 니느웨와는 반대편인 다시스로 도망가다가 풍랑을 만나 물고기 뱃속에서 사흘간 고통당하다가 나오게 되었다. 그리고 다시 하나님의 말씀을 받고 니느웨에 가서 사흘 길이지만 하루 동안 말했는데 전 백성들과 왕까지 금식하며 회개하고 하나님께로 돌아오는 대역사가 일어났다. 그 광경을 언덕 위에서 지켜보던 요나는 살고 싶지 않다고 하면서 자신을 죽여 달라고 하였다.

하나님께서 요나를 책망하시기를, 네가 하루 만에 났다가 하루 만에 말라버린 박 넝쿨도 아꼈거늘, 여기는 좌우를 분간하지 못하는 십이만 영혼들이 있지 아니하느냐? 내가 그 십이만 영혼을 아끼는 것이 어찌 합당하지 아니하느냐고 하셨다. 이런 잘못된 선민사상이 탈무드에 나오고 심지어 베드로마저도 그런 사고방식을 가지고 있었다. 사도행전 12장 28절에 보면 베드로가 고넬료 집에 와서 말하기를 나는 유대인이고 너희는 이방인이므로 교제하며 가까이하는 것이 위법이라고 말하고 있다. 사도행전 11장 1-18절에 보면 베드로가 고넬료 집에서 복음을 전하고 세례를 주고 식사를 한 것 때문에 예루살렘 교회가 베드로를 증인으로 세워놓고 추궁하는 장면이 나온다. 왜 당신은 이방인 집에 가서 교제하고 세례를 주고 식사를 같이 하였느냐고 따지는 것이다. 이런 사고방식을 가진 예루살렘 교회로는 제대로 선교를 할 수가 없다. 심지어 베드로가 안디옥에서 이방인들과 식사하다가 예루살렘에서 유대인들이 온다는 이야기를 듣고 얼른 밖에 나가서 이방인들과 같이 있지 않은 것처럼 외식하므로 바울이 베드로를 심히 책망

 개척 교회, 미자립 교회에서 자립 교회로

하는 모습이 갈라디아서 2장 11-14절에 소개되고 있다.

사도행전 15장 1절에 보면 예루살렘 교회의 중요한 사람들이 바울의 선교지역에 와서 시비하기를 바울이 전하는 대로 예수님을 믿는다고 세례를 주면 틀린 것이고 반드시 모세의 법대로 할례를 받아야 구원을 받게 된다면서 시비를 걸었다. 바울이 3차 선교사역을 마치고 예루살렘 교회에 와서 선교지역의 사역들을 야고보 사도에게 알렸을 때 예루살렘 교회의 감독으로 있던 야고보는 염려하면서 예루살렘의 예수 믿는 사람들의 상태를 알려주었다. 사도행전 21장 17-26절에 보면 믿는 자, 즉 예수님을 그리스도로 믿는 자 수만 명이 바울을 죽이려고 한다는 것이었다. 바울은 모세를 배반하고 할례를 행하지 않고 또 관습을 지키지 말라고 했다는 것이다. 그래서 야고보 사도의 건의를 받아들여서 바울은 서원한 네 사람에게 많은 사람들이 보는 데서 할례를 행하여 보임으로써 잘못된 소문이 퍼져나갔다는 것을 해명하였다.

이런 일들이 전부 잘못된 선민사상에서 나온 것이었다. 유대인만의 하나님이며 유대인만이 예수 믿고 이방인과는 교제해도 안 되고 이방인에게 복음을 전하면 안 되는 줄로 잘못 알고 있었다. 한마디로 말하면 전도와 선교를 크게 오해하였던 것이다. 전도는 가까이 있는 사람들에게 복음을 전하는 것이고, 선교는 멀리 있는 사람들을 비롯해 문화가 다르고 언어가 다른 사람들에게 복음을 전하는 것이다.

우리는 때를 얻든지 못 얻든지 복음을 전해야 한다. 전도하지 아니하고 선교하지 아니하면 화를 당하게 된다(고린도전서 9:16). 소금이 맛을 잃어버리니까 밖에 버려져서 밟히게 되는 것이다(마태복음 5:13). 하나님은 우리를 말씀의 파수꾼으로 부르셨다(에스겔 3:17). 하나님은 우리를 기도의 파수꾼으로 부르셨다(이사야 62:6). 파수꾼이 잠(영적인 잠)을 자고 있으면 그 성 안에 있는 사람은 다 죽을 수가 있다.

전도와 선교를 오해하고 안 하면 재앙이 닥친다. 제자가 없었던 엘리야는 공허하여 죽고 싶다고 하면서 죽여 달라고 하였다. 그러나 엘리야의 종이 된 엘리사는 가는 곳마다 제자들이 그를 맞이했고 칠천 명의 제자를 키웠다. 전도와 선교는 우리를 통해서 하시는 하나님의 사역이다. 어렵다고 생각하는 것 자체가 전도에 대한 오해를 가지고 있는 것이다. 결혼한 여자가 특별한 불임자가 아니라면 자꾸만 임신이 되고 아이를

 개척 교회, 미자립 교회에서 자립 교회로

낳는 것이 정상이다. 임신을 어떻게 하는 것인지 아기를 어떻게 낳는 것인지 몰라서 학원에 가서 배운다면 문제가 심각한 것이다. 정상적인 사람, 정상적인 부부라면 누가 가르쳐주지 않아도 결혼해서 살면 임신이 되고 아이를 낳고 양육해서 길러내는 것이 너무나 자연스런 일이다. 전도도 이와 같다.

마가복음 3장 13-15절에 보면 주님께서 원하시는 자들을 부르셨다. 내가 너희를 부른 것은 '너희와 함께 있기 위함이요'라고 하셨는데 이것은 구원의 축복이다. 임마누엘이다. 24시 임마누엘을 누리고 있으면 하나님이 함께 하시는 것을 불신자도 보고 알게 된다. 여호와께서 요셉과 함께 하시는 것을 불신자 보디발이 보게 되었고 바로 왕도 알고 따라올 수밖에 없는 일들이 벌어졌다. 하나님이 나와 함께 하신 일들을 간증하는 것이 전도인 것이다. '또 나가서 전도도 하며'라고 하시며 전도하라고 부르셨다. '귀신을 내어 쫓는 권세를 주기 위함이라'고 하셨다.

목사님들과 사모님들이 전도가 안 되면 영적인 불임자와 같다. 심각하게 고민해야 한다. 전도가 되어져야 한다. 아브라함과 사라에게 이삭이 태어나고 나서야 그 집안의 분위기가 활기 있게 되었다. 이삭이라는 이름의 뜻이 웃음이다. 그렇다. 영적인 새 생명이 태어나고 자라고 헌신하는 것을 볼 때 기쁘고 웃을 일이 생기는 것이다. 나에게 영적인 새 생명 이삭이 있는가? 전도를 하지 않으면 공허해진다. 웃을 일이 없어진다. 전도를 하지 않으면 재앙을 만나게 된다. 어려움이 계속 오게 된다. 그러나 전도를 하게 되면 기쁜 일, 감사한 일, 축복된 일이 계속 있게 된다. 전도는 최고의 축복이다. 전도 속에 모든 응답이 다 들어있다.

참으로 예수그리스도의 복음은 위대한 것이다.

지게꾼이었어야 했고, 분식점에서 라면이나 끓이고 만두를 빚어 팔면서 생계문제에 허덕여야 했을 것이 나의 수준과 모습인데, 주님은 나를 공부하도록 인도해주셨고, 목사가 되도록 해주셨다.

예수님은 목사를 남겨놓고 가신 것이 아니다. 제자를 남겨놓으셨고 "너희는 가서 제자를 삼으라"고 명령하셨다. 예수가 그리스도이시며, 그리스도는 인생근본문제 세 가지 해결자라는 복음만 증거하기로 결단하고 현장에 들어가서 복음을 증거하였다. 불신자에게는 복음을 제시하여 영접시켜 하나님 자녀가 되게 하고, 확신 없는 사람에게는 확신을 주고, 믿다가 낙심한 사람을 양육시켜 믿음의 사람으로 되게 하고, 제자 삼는 사역을 25년째 하고 있다. 이 모든 것이 하나님의 은혜일 뿐이다.

나는 나 혼자 밥 먹는 문제도 해결이 안 될 만큼 무능력하고 무기력하고 무응답이었던 사람이었다. 그러나 주님께서 원하시는 '예수가 그리스도 되심'을 밝히 증거하고자 결단한 이후 주님께서는 25년 동안 복음 전할 문을 계속 열어주셨다. 복음전파만 계속 했더니 인천 청라국제도시와 송도국제도시 두 곳에서 주일 예배를 인도하면서 10여 곳의 지교회를 이끌도록 해주셨다. 그리고 국경지대와 국내에서 통일을 대비하여 탈북자 출신 신학생들을 수십 명 키워내고 있는데, 앞으로 백 명 이상의 탈북자 출신 선교사를 준비시켜 북한의 문이 열릴 때를 준비해 나가게 하시니 하나님께 감사할 뿐이다. 이런 가운데 기도하는 중에 미자립 교회 목사님들을 여러 명 만나게 되었고, 그분들에게 내가 경험한 현장사역을 공유하고 노하우를 전수하여 미자립 교회가 자립 교회로 성장할 수 있도록 도와야 되지 않겠느냐는 성령님의 감동이 계셔서 이 책을 내게 되었다.

매일경제 출판부에 감사를 드리며, 원고정리와 사진정리 등 늘 수고를 아끼지 않는 문미나 장로님, 이훈철 장로님께 감사를 드린다. 오늘의 내가 있도록 끊임없이 기도해주시고 후원해

 개척 교회, 미자립 교회에서 자립 교회로

주시는 나의 목양지인 청라 사랑의교회, 송도지교회, 남동, 영흥, 강서, 검단, 북경, 연운항, 탈북처소교회의 모든 식구들께 감사를 드리며, 사랑하는 장인, 장모님, 아내 이경희 사모, 아들 박요셉 선교사와 사위 김흥환 목사 그리고 부교역자들에게도 깊은 감사를 드린다.

박용배
청라 사랑의교회 담임목사

사진부록
박용배 목사의 발자취

기독 언론인 예배

기독 언론인

      개척 교회, 미자립 교회에서 자립 교회로

기독 언론인 사역

예수 영접 후 코미디언 김보화 자매와 함께

드라마 제작팀 예배 모임

언론인 울타리 포럼 수련회에서 함께 특강한 현용수 박사와 한재호 기자와 함께

 개척 교회, 미자립 교회에서 자립 교회로

전도합숙 강의 후 바누아투 국회의장 일행과 함께

본교회에 특강 온 케네스배 선교사와 함께

본교회에 특강 온 태영호 공사와 함께

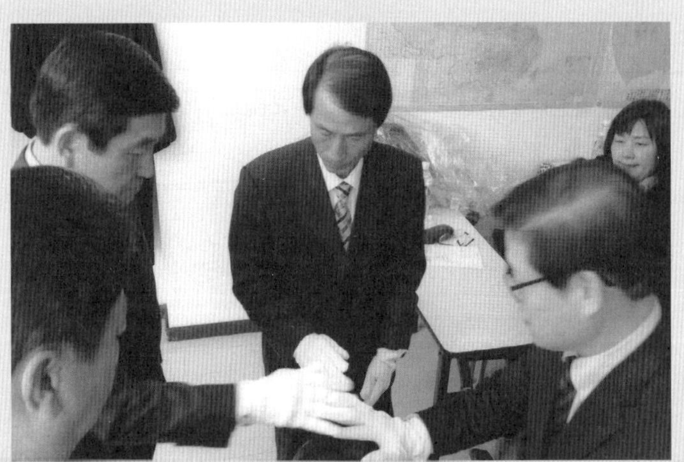

탈북자 목사 안수식

개척 교회, 미자립 교회에서 자립 교회로

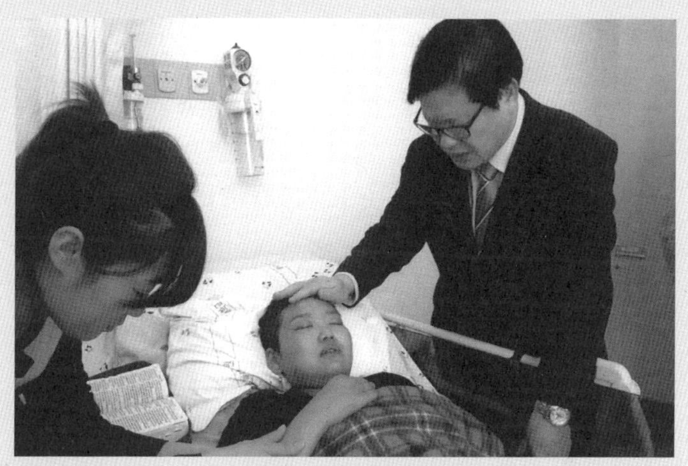

탈북자 자매 임종 예배

권혁만 장로와 함께

나용화 목사와 함께

김덕기 장로

개척 교회, 미자립 교회에서 자립 교회로

한재호 기자와 사위 김흥환 목사와 함께

손재경 교수와 함께

성창경 기자와 함께

아들 박요셉 선교사, 지원 사모와 손자 이룸

개척 교회, 미자립 교회에서 자립 교회로

이경희 사모, 사위 김흥환 목사, 딸 박한나 사모와 외손자 시원, 자유, 그루

박용배 목사 명예박사학위

 개척 교회, 미자립 교회에서 자립 교회로

청라 사랑의교회는 대한예수교장로회(개혁)입니다.
인천광역시 서구 담지로 58
전화: 032-519-8291

개척 교회, 미자립 교회에서 자립 교회로

초판 1쇄 2018년 6월 20일

지은이 박용배
펴낸이 전호림
마케팅 박종욱 김혜원
영업 황기철

펴낸곳 매경출판㈜
등　록 2003년 4월 24일(No. 2-3759)
주　소 (04557) 서울시 중구 충무로 2 (필동1가) 매일경제 별관 2층 매경출판㈜
홈페이지 www.mkbook.co.kr
전　화 02)2000-2632(기획편집)　02)2000-2636(마케팅)　02)2000-2606(구입 문의)
팩　스 02)2000-2609　**이메일** publish@mk.co.kr
인쇄·제본 ㈜ M-print　031)8071-0961
ISBN 979-11-5542-856-6 (03230)

책값은 뒤표지에 있습니다.
파본은 구입하신 서점에서 교환해 드립니다.

이 도서의 국립중앙도서관 출판예정도서목록(CIP)은 서지정보유통지원시스템 홈페이지(http://seoji.nl.go.kr)와 국가자료공동목록시스템(http://www.nl.go.kr/kolisnet)에서 이용하실 수 있습니다.
(CIP제어번호: CIP2018016372)